Bernt Engelmann

Mitunter föhnig aufgeheitert

Liebeserklärung
an den
Alpennordrand

KNESEBECK & SCHULER

CIP-Titelaufnahme der Deutschen Bibliothek

Engelmann, Bernt:
Mitunter föhnig aufgeheitert: Liebeserklärung an den Alpennordrand/Bernt Engelmann. –
München: Knesebeck u. Schuler, 1991
ISBN 3-926901-35-7

Umschlaggestaltung: Dieter Zembsch, München
Satz: Utesch Satztechnik GmbH, Hamburg
Druck und Bindung: Pustet, Regensburg
Printed in Germany

Als Bayern noch jüdisch war

Meine Liebe zu Bayern begann schon sehr früh, nämlich als ich noch keine vier Jahre alt war und den weißblauen Freistaat nur vom Hörensagen kannte. Zwar entsprach das Bild, das ich mir damals von Bayern machte, nicht so ganz der Realität. Aber Liebende sind ja, was das Objekt ihrer Zuneigung angeht, häufig alles andere als sachlich.

Meine Illusionen, Bayern betreffend, gingen übrigens so weit, daß ich es mir teils fern und bergig vorstellte, teils flach und in der nächsten Nachbarschaft gelegen, im Berliner Westen, dort, wo Schöneberg und Wilmersdorf zusammengewachsen sind, kurz: im Bayerischen Viertel, wo meine Eltern und ich seinerzeit wohnten.

Da war der Bayerische Platz, wo ich mit Putti, Poldi, Helle und Seppi spielen, im Sommer ins Planschbecken steigen, im Winter das dann dort lagernde Herbstlaub rascheln lassen konnte, und in einer Ecke der Grünanlage gab es auch Sandkästen, wo wir aus angerührter Pampe und mit Hilfe von Blechformen Unmengen von Gebäck herstellten.

Da war auch die Prinzregentenstraße, die – so erklärte man mir – dem letzten König von Bayern zu Ehren so benannt worden war. Wohl deshalb stand dort auch die große, sehr moderne Synagoge, die von vielen Bewohnern des Bayerischen Viertels an den Sonnabenden und vor allem an den zahlreichen hohen Feiertagen besucht wurde, wobei, wie ich staunend bemerkte, die Herren im schwarzen Gehrock, mit hohen, spiegelblanken Zylinderhüten und weißen Seidenschals erschienen.

Auch Poldis, Helles und anderer Freunde Eltern gingen dorthin, wogegen Seppis Mutter, oft unter Mitnahme ihres dafür besonders herausgeputzten Sohns, sich weit in den Nordosten der Stadt, zur Neuen Synagoge in der Oranienburger Straße, bemühen mußte, die aber – wie Seppi mir erzählte – keineswegs neu, sondern schon sehr alt und gar nicht modern war. Dort bekleidete Seppis Vater das, wie seine Frau erklärte, höchst ehrenvolle, aber leider nur karg besoldete Amt eines Kantors.

Landauers wohnten im selben Haus wie wir, doch in dem schönfärberisch als »Gartenhaus« bezeichneten Seitenflügel, von wo man in den asphaltierten, ringsum von Häuserwänden umgebenen Hof blickte. In dessen Mitte stand eine um Licht kämpfende Birke, rechts davon das zum Teppichklopfen dienende Holzgerüst, links die Mülltonnen.

Während Herr Landauer, ein kräftiger Mann mit gepflegtem Vollbart, tagsüber selten zu Hause war, denn er ging vielfältigem Nebenerwerb als Chorleiter, Hauslehrer, Gesangssolist und Klavierpädagoge nach und war stets in Eile, verließ Frau Landauer ihre Wohnung, außer zu kurzen Einkäufen und zum Besuch des Tempels, so gut wie nie. Sie war, wie sie zu sagen pflegte, »allweil dahoam« und putzte mit nie erlahmendem Eifer die drei bescheiden eingerichteten Zimmer, das Bad und die Küche, goß ihre prächtigen Geranien auf dem winzigen Balkon zum Hof, kochte, buk, wusch, bügelte oder nähte von früh bis spät, war meistens guter Dinge und erzählte uns Kindern, die wir uns sehr gern bei ihr aufhielten, wunderschöne Geschichten, die alle in Bayern spielten, genauer: im Werdenfelser Land. Dort war Frau Landauer geboren und aufgewachsen. Sie hatte da, kaum schulentlassen, schon als Bedienung gearbeitet, und zwar in der renommierten Postwirtschaft in Garmisch-Partenkirchen, wo es während der Saison – sie sagte: »Seisohn« – mehr hochherrschaftliche Sommergäste gegeben habe »als an Jom Kippur im Tempel«.

Sie war eine stattliche Brünette von damals etwa achtundzwanzig Jahren und sprach, wenn wir in ihrer Wohnung spielten und sie uns von den Werdenfelser Kräuterweiblein, vom Wildschütz Jennerwein, vom Schmied von Kochel oder vom Märchenkönig Ludwig erzählte, mir und den anderen Nichtbayern zuliebe »Schriftdeutsch«, wie sie es nannte. Dieses stark bayerisch eingefärbte, aber durchaus verständliche Hochdeutsch verwendete sie auch bei ihren Einkäufen im Kolonialwarenladen von Kinnigkeit, beim Bäcker Wuttke und im Zigarettengeschäft von Fräulein Kohn, und wenn sie bei meiner Mutter noch eine Tasse Kaffee trank, nachdem sie mich – gänzlich überflüssigerweise, wie ich fand – spätnachmittags zurück ins Vorderhaus gebracht hatte. Mit Seppi jedoch redete sie »boarisch«, und zwar so »gschert«, daß nur ihr Sohn sie verstand, der zwei-, eigentlich sogar dreisprachig aufgewachsen war, denn unter uns Jungen, zumal in größerer Schar auf dem Bayerischen Platz, berlinerten wir, daß unseren Eltern, wenn es ihnen je zu Ohren gekommen wäre, die Haare zu Berge gestanden hätten, von den »Tanten« im Kindergarten ganz zu schweigen, die sehr »etepetete« waren, was unsere Ausdrucksweise anging.

Frau Landauer erzählte uns manchmal auch von wichtigen Ereignissen aus ihrem Privatleben. So hatte zu den Sommergästen, die ihr zufolge in Garmisch noch zahlreicher waren als die Besucher der großen Synagoge in der Prinzregentenstraße am Versöhnungstag und ebenso vornehm, auch Herr Kantor Landauer gezählt, der ihr durch seine stattliche Figur, seine Freundlichkeit, seine tiefe, sehr kultivierte Stimme, vor allem aber durch seine Augen aufgefallen war, die Güte verrieten, aber auch Leidenschaft. Kurz, sie hatte sich in den bärtigen Kantor verliebt, und dann war er ihr auch noch mutig zu Hilfe geeilt, als ein besonders geiziger Gast sie um zwei Zehnerl für eine Griesnockerlsuppe hatte prellen wollen und sehr ausfallend und beinahe tätlich geworden war. Sie hatten sich dann ein paarmal nach Dienstschluß getroffen, und schließlich hatte er ihr den schüchternen Antrag gemacht, seine Frau zu werden.

Sie war sehr erfreut gewesen und hatte nach nur kurzem Zögern zugestimmt. Die einzige Schwierigkeit, den vom Kantor erbetenen Übertritt vom christkatholischen zum jüdischen Glauben und den damit verbundenen Verzicht auf das Christfest, das ihr das Wichtigste war, hatte Herr Landauer ihr dadurch sehr erleichtert, daß er ihr erklärte, sie könne auch als Jüdin jedes Jahr Weihnachten feiern, ebenfalls Ende Dezember und sogar acht Tage lang!
Zwar, so hatte ihr Zukünftiger ihr erläutert, nenne man das Lichterfest Chanukka und zünde traditionsgemäß nur acht Kerzen an – eine am ersten Tag, zwei am folgenden und so fort, bis zum Schluß alle acht Lichter brennen durften –, aber es stehe nirgendwo geschrieben, daß man nicht außerdem noch einen Tannenbaum schmükken könne. Auch sei es in seiner Religionsgemeinschaft üblich, zu diesem Fest zu beschenken, vor allem die Kinder, hübsche Lieder zu singen und ein dem Anlaß würdiges Mahl einzunehmen – vielleicht, so fügte er augenzwinkernd hinzu, einen knusprigen Gänsebraten mit Rotkohl – wenn sie wolle, könne es auch Blaukraut sein – sowie Kartoffelknödel und Bratäpfel. Dagegen habe auch der strengste Rabbiner nichts, aber auch gar nichts einzuwenden.

So war aus der katholischen Marie – die es gewohnt war, ihren Namen auf der ersten Silbe betont zu hören – die jüdische Kantorsfrau Miriam Landauer geworden, und sie hatte das Werdenfelser Land in Bayern mit dem Bayerischen Viertel in Berlin vertauscht. Doch auch hier trug sie zu allen ihr wichtigen Feiertagen ihre schöne heimische Tracht mit den zahlreichen, echt silbernen Verzierungen, für deren Anschaffung sie jahrelang alle eingenommenen Trinkgelder gespart hatte und die ihr sehr gut stand.

Sie erregte mit ihrer Werdenfelser Tracht in den Straßen Berlins keinerlei Aufsehen. Die Bewohner des Bayerischen Viertels waren an weit exotischere Kostüme gewöhnt, und viele hielten die hübsche Trachtlerin für eine Art Spreewälderin, von denen nicht wenige in Berlin als Ammen und Kinderfrauen tätig waren und die bunte sorbische Trachtenkleider und riesige Hauben trugen. Nur in der Synagoge an der Oranienburger Straße soll beim ersten Erscheinen von Frau Kantor Landauer im Werdenfelser Feiertagsdirndl ein lebhaftes Raunen durch den Saal gegangen sein, dem stumme Ratlosigkeit folgte. Aber dann fand der Oberrabbiner Dr. Czellitzer einen Abschnitt aus dem 24. Kapitel des Buches Jesus Sirach – Ich bin aufgewachsen wie ein Palmbaum am Wasser und wie die Rosenstöcke, die man zu Jericho zieht –, den er in einem für Frau Landauer sehr schmeichelhaften Sinn auslegte, und damit fand die Angelegenheit einen zufriedenstellenden Abschluß. Man machte der Glaubensgenossin aus dem Werdenfelser Rosengarten viele Komplimente, und man gewöhnte sich an ihre Festtagskleidung.

Von alledem wußte ich als Kind nur wenig und verstand auch dies nicht. Mir war lediglich klar, daß Bayern etwas Jüdisches war und daß »bayerisch« etwas Ähnliches bedeutete wie koscher. Koscher waren beispielsweise die – von uns Stullen genannten – Schnitten mit Gänseschmalz und Kalbsleberwurst, die Frau Landauer als »Brotzeit« bezeichnete und ihrem Seppi mit in den Kindergarten gab (und die er dort mit mir gegen mein Schinkenbrot tauschte, weil er doch zum Fleisch keine Milch trinken durfte, da dies den Bayern, wie er mir erklärte, nicht erlaubt sei; hingegen sei in diesem Zusammenhang von Schinken nie die Rede gewesen).

Koscher (oder bayerisch oder beides) waren auch die leckeren Zimtsterne von Frau Landauer, die sie für festliche Gelegenheiten in einer bunten Blechbüchse im obersten Bord ihres Küchenschrankes aufbewahrte und an die wir nur herankonnten, wenn sie bei Fräulein Kohn eine Sechserpackung »Juno«-Zigaretten kaufen ging und wenn dann Seppi mit meiner Hilfe auf die

Stuhllehne kletterte, wobei er einmal fast heruntergefallen wäre und dabei das wundervolle bunte Plakat vom Schloß Neuschwanstein abriß, sehr zum Kummer von Frau Landauer, die dieses Erinnerungsstück fast so sehr liebte wie den Buntdruck des Porträts König Ludwigs II. über ihrem Sofa.

Koscher (oder bayerisch, jedenfalls hervorragend gut) waren schließlich auch die Kartoffelpuffer von Frau Landauer, die sie in Kokosfett briet und die eine jüdische, »Reiberdatschi« genannte Spezialität waren.

Als weitere jüdische (oder bayerische) Besonderheiten im Haushalt der Landauers prägte sich mir der echt silberne Sabbatleuchter ein, der auf der Kommode zwischen zwei Sträußchen getrockneter Alpenblumen stand, worin auch lederartige graue Sterne steckten, die »Edelweiß« hießen und von Frau Landauer eigenhändig, wahrscheinlich unter Lebensgefahr, gepflückt worden waren; ferner das Eiserne Kreuz am schwarzweißen Bande, das einen Ehrenplatz in Frau Landauers Vitrine einnahm und das ihr vielbeschäftigter Mann aus dem Weltkrieg mitgebracht hatte, in dem er das jüdische Bayern und das mit ihm verbündete Deutschland tapfer gegen die Kosaken verteidigt hatte – als Vizewachtmeister der Reserveartillerie, wie Frau Landauer stolz berichtete, und mit dem großen Säbel, der über dem Sofa hing und nicht berührt werden durfte; schließlich auch der braune, seltsam geformte Lederkoffer, der wie ein Kinderklo aussah und worin Herr Kantor Landauer seinen schwarzen Zylinderhut aufbewahrte, den er als Chorleiter an hohen Feiertagen trug, sowie die gerahmte Photographie, die Frau Landauer als kleines Mädchen in einem weißen Engelkleid, nur ohne Flügel, aber dafür mit einem weißen Blumenkranz auf dem Lockenkopf zeigte, aufgenommen am Tage ihrer Ersten Heiligen Kommunion, wie sie sagte, wobei es sich um eine Art von jüdischer (oder bayerischer) Einsegnung gehandelt hat, wie Seppi meinte.

Bald darauf wurde Seppi krank, und ich durfte ihn nicht mehr besuchen, weil er die Masern hatte, die sehr ansteckend waren. Dann bekam auch ich hohes Fieber und Ausschlag, weil ich mich längst angesteckt hatte, und Dr. Wollenberg wurde gerufen, der mir Mineralwasser und Laugenbrezeln verschrieb, wodurch ich nach acht Tagen fieberfrei und nach weiteren zwei Tagen wieder ganz gesund war. Dr. Wollenberg hatte absolut nichts mehr an mir auszusetzen, verordnete mir jedoch Gebirgsluft, am besten im Voralpenraum, vielleicht weil er seinen Landsleuten etwas zukommen lassen wollte, denn er war aus Weilheim und sprach ein bayerisches Schriftdeutsch wie Frau Landauer, wenn sie zu uns zum Kaffee kam.

Dies tat sie an diesem Tage, und sie riet meiner Mutter, die Sommerferien mit mir im Werdenfelser Land zu verbringen, vielleicht in Garmisch. Indessen bestimmte meine Großmutter eine Pension in Klais zu unserem Feriendomizil; eine der Damen, mit denen sie dienstags und donnerstags Bridge spielte, hatte sie ihr wärmstens empfohlen.

Frau Landauer konnte gegen Klais nichts einwenden, weil es noch durchaus werdenfelsisch war, wenn auch näher an Mittenwald als an Garmisch gelegen, und sie erbot sich sogar, das von meinen Eltern im Ostseebad Bansin bereits reservierte Urlaubsquartier zu übernehmen. Der wohlhabende Bruder ihres Mannes, Inhaber eines Konfektionshauses, hatte sich bereit erklärt, die Kosten zu tragen, weil Dr. Wollenberg für den etwas blassen Seppi eine zur Rekonvaleszenz erforderliche Luftveränderung dringend angeraten hatte, am besten in mildem Reizklima, wie es an der Ostseeküste herrschte.

So bereiteten wir uns denn auf die Reise nach Bayern vor. Mein Teddybär und mein Tennisschläger sowie alle bunten Klötze, die ich finden konnte, steckte ich in meinen kleinen Rucksack, und dann fuhren wir mit der Eisenbahn nach Mittenwald und von dort mit einer Pferdekutsche nach Klais, wo ich schon am ersten Abend in Tonis Armen lag.

Toni war Mitte zwanzig, groß und schlank, trug ein adrettes Dirndlkleid und ihr kastanienbraunes Haar sehr modisch frisiert, wie meine Mutter sogleich bemerkte, und sie gefiel mir auf den ersten Blick. Schon während sie mit mir die steile Treppe emporstieg, erzählte sie mir, was sie mir am nächsten Tag alles zeigen würde: den Garten, die Schaukel, die jungen Katzen, den großen, sehr braven und kinderlieben Hund, die hohen Berge, den Bach, die Wiesen und den Bauernhof nebenan, wo es Hühner, Enten und Gänse, Kühe und Kälber und sogar einen Wurf junger Ferkel gab. Außerdem könnte ich, wenn ich wollte, ihr bei der Arbeit helfen, zum Beispiel die Papierkörbe ausleeren, während sie die Betten machte. Ich schlief an diesem Abend sehr rasch ein in der glücklichen Gewißheit, daß es in den kommenden Wochen mit Toni niemals langweilig sein würde.

Tatsächlich war es dann – wenn man von dem einen Schrecklichen einmal absieht – eine herrliche Zeit, die Toni und ich miteinander verbrachten. Meine Eltern sahen mich selten, eigentlich nur noch zu den Mahlzeiten. Einladungen, mit ihnen zu wandern oder Ausflüge nach Mittenwald, Garmisch-Partenkirchen, zur Wieskirche oder zum Schloß Linderhof zu machen, lehnte ich ab unter Hinweis auf anderweitige Verpflichtungen, denn Toni hatte sehr viel zu tun, und ich war glücklich, ihr dabei zu helfen. Meine Mutter lachte nur, als ich ihr beim Mittagessen erzählte, ich hätte die Balkons gefegt und die Geranien gegossen; sie meinte, das hätte ich auch schon zu Hause machen können. Aber dann begann sie sich ernsthaft für Toni zu interessieren, die eine, wie sie fand, fast magische Anziehungskraft auf mich auszuüben schien.

Ich erzählte ihr, daß Toni gar kein richtiges Zimmermädchen sei, nur in der Saison aushelfe und Friseuse gelernt habe, sogar einen Meisterbrief besitze, aber nicht genug Geld, ein eigenes Geschäft zu eröffnen. Bei den Friseuren der Gegend aber finde sie keine Anstellung mehr, weil sie mehr Gehalt zu beanspruchen hätte als die Lehrlinge und Gehilfen. So müsse sie, wie sie mir gesagt habe, halt eisern sparen, bis es reiche zur Einrichtung eines eigenen Salons. Sie habe keinen Ehemann, auch noch keinen Verlobten, weshalb sie wohl, wie ich hinzufügte, noch nicht jüdisch, sondern katholisch sei – wie früher auch die Frau Landauer.

Mein Vater wollte wissen, wie gut mir denn die Toni gefiele, und ich muß wohl meine innige Zuneigung in so grellen Farben gemalt haben, daß er zu lächeln aufhörte und zu meiner Mutter sagte, sie solle doch bald mit dem Mädchen sprechen; vielleicht hätte sie Lust, zu uns nach Berlin zu kommen ... Meine Freude war so groß, daß ich vor Aufregung mein Glas mit Himbeersaft umstieß und das Tischtuch verdarb. Toni, die an diesem Tag auch im Speisesaal servierte, eilte herbei, behob rasch den Schaden und sagte dann:

»Wenn deine Eltern es erlauben, dann zeige ich dir heute nachmittag die Ferkel!«

Mein Vater nickte nur zustimmend, aber meine Mutter gab zu bedenken, daß es in Schweineställen meist sehr schmutzig sei. »Aber geht nur«, fügte sie eilig hinzu, als sie meine große Enttäuschung sah, und dann sagte sie zu Toni, sie wolle gern mal mit ihr über gewisse Zukunftspläne reden, vielleicht am Abend, wenn ich zu Bett gebracht sei.

An diesem Nachmittag passierte das Schreckliche, das zunächst alles in Frage zu stellen schien, aber letztlich dann doch die Entwicklung in einem für Toni und mich positiven Sinne beeinflußte:

Wir waren auf der kleinen, eingezäunten Wiese vor dem Stall des Bauernhofs nebenan, wo die kleinen Ferkel frei umherliefen und sich von mir ebenso kraulen ließen wie die jungen Katzen, die sich in der warmen

Sonne balgten, und der große, zottelige Hund, der sich im Schatten eines Apfelbaums ausgestreckt hatte. Alles war ganz friedlich, und Toni erzählte mir gerade, daß das Jungvieh jetzt gar nicht im Tal, sondern hoch in den Bergen auf einer großen Wiese sei, die man Alm nenne, da war plötzlich aus der Waschküche neben dem Stall ein entsetzliches Schreien zu hören, so furchtbar, daß ich vor Schreck ganz blaß wurde. Es hörte sich an wie das Angst- und Schmerzgeheul eines Kindes, wurde noch greller und verzweifelter, und dann sah ich zu meiner noch größeren Bestürzung, wie aus der offenen Waschküchentür dampfendes, hellrotes Blut floß und unterhalb der Stufe eine Pfütze bildete.

Ich rannte dorthin, dem gequälten, schwerverletzten Kind zu helfen, aber Toni holte mich ein, kaum daß ich einen ersten flüchtigen Blick in die Waschküche hatte werfen können, riß mich in ihre Arme, hielt mir die Augen zu und trug mich rasch davon, bis ich schrie, ich müsse mich übergeben, was wir dann beide taten.

Toni brachte mich eilig aufs Zimmer und, da ich erklärte, bestimmt nichts mehr essen zu wollen, auch gleich ins Bett. Meine Mutter kam dazu, als ich gerade unter der Dusche stand, und ich konnte nicht verstehen, was Toni ihr zuflüsterte. Als sie mir dann den Rücken abtrocknete, hörte ich meine Mutter sagen:

»Das war das einzig Richtige, Toni! Ich bin Ihnen sehr dankbar! Hoffentlich war der Schock nicht zu groß ...«

Ich fürchtete mich davor, von dem armen Schwein zu träumen, daß so grausam ermordet worden war, aber Toni hielt mir die Hand, bis ich eingeschlafen war, und am nächsten Morgen, als ich erwachte, stand meine Mutter an meinem Bett und sagte: »Heute fahren wir nach Linderhof, dem Schloß des Märchenkönigs, und Toni kommt mit! Und sie bleibt auch bei uns, wenn wir Ende der Woche nach Hause fahren – ist das nicht schön?!« Die Nachricht erfreute mich so, daß ich den Schrecken vom Vortag zunächst vergaß. Erst mittags, als wir nach der Schloßbesichtigung in einem Wirtshaus saßen und uns der Kellner den Schweinsbraten empfahl, war die schaurige Erinnerung mit einem Schlag wieder da.

Jedes Mäkeln beim Essen war bei uns verpönt, und schon gar nicht durfte man sein, was meine Mutter »kiesetig« nannte, nämlich wählerisch das eine Gericht verschmähen und ein anderes haben wollen. Also sagte ich sehr kleinlaut: »Ich möchte gar nichts essen!«

Meine Eltern und Toni tauschten Blicke, ohne ein Wort zu sagen, und dann geschah ein Wunder, denn mein Vater erklärte: »Heute ist ein besonderer Tag, und sehr heiß ist es auch! Wie wär's, wenn wir Kirschkaltschale bestellen, danach Zwetschgenpfannkuchen und hinterher Eis?«

Wir stimmten alle begeistert zu, und ich am lautesten.

Von da an und noch für viele Jahre durfte ich, wenngleich nicht völlig vegetarisch, so doch weitestgehend fleischlos leben. Die Ausnahmen betrafen Königsberger Klopse und Rügenwalder Teewurst. Von beidem ließ ich mir gern einreden, daß es sich um völlig fleischfreie Produkte handelte. Eine dritte Ausnahme war das »Chanukka-Gansl« von Frau Landauer, zu dem Toni und ich eingeladen waren und zu dem Herr Kantor Landauer einen, wie ich annahm, »boarischen«, »Broche« genannten Segen in einem fulminanten Bariton sang, der überhaupt nicht aufhören wollte, während uns das Wasser schon im Munde zusammenlief und Frau Landauer, trotz erkennbaren Stolzes auf ihren Gatten und seine herrliche Stimme, sorgenvolle Blicke auf die duftende Soße warf, auf der sich bereits eine Haut gebildet hatte.

Toni war, wie meine Eltern es mir versprochen hatten, mit nach Berlin gekommen, wohnte in einem der hinteren Zimmer und versah als Gegenleistung halbtags bei mir die Dienste eines von mir innig geliebten Kinderfräuleins, bis ich zu Ostern in die Volksschule in der Babelsberger Straße kam.

Von da an brachte sie mich nur noch morgens zur Schule, genauer: bis über die Berliner Straße, eine Hauptverkehrsader, die es sicher zu überqueren galt und wo Seppi, Helle Löwenstein und zwei weitere Kinder schon auf uns warteten, um sich in Tonis Geleitschutz zu begeben. Dann ging sie nur noch ein paar Schritte mit bis zur nächsten Querstraße, der Badenschen, wo ich Abschied von ihr nahm und wo Putti und seine Mutter, Tante Lottchen Eichelbaum, zu uns stießen. Von dort bis zur Schule, deren rückwärtiges Gebäude an das der großen Synagoge in der Prinzregentenstraße grenzte, führte Lottchen Eichelbaum den Konvoi, und Toni sah uns noch eine Weile nach und winkte mir zu.

Danach konnte Toni zu ihrer Freude ihr Friseurhandwerk ausüben, zunächst nur in der Familie, bei Nachbarn und bei Freunden meiner Eltern, die in der Nähe wohnten, auf Empfehlung von Frau Landauer und meiner Großmutter bald jedoch weit über das Bayerische Viertel hinaus. Sie sorgte für den Haarschnitt des gesamten Synagogenvorstands des Tempels in der Oranienburger Straße und ondulierte die dazugehörigen Ehefrauen und erwachsenen Töchter. Als mein Vater sie eines Sonntags beim Frühstück fragte, ob sie nicht bereits an die Eröffnung eines eigenen Salons denke, winkte sie aber ab.

»Geld genug hätte ich ja schon«, meinte sie lächelnd, »die Kunden zahlen gut, und die jüdischen Herrschaften sind oft recht großzügig mit den Trinkgeldern. Aber, schau'n S', was soll ich mir selbst Steine ans Bein binden? Ein eigenes Geschäft kostet Miete, die Einrichtung muß sich rentieren, ich brauch' Personal, muß Steuern bezahlen und Strom und Heizung... So läuft es sehr gut, und da wart' ich halt noch ein bißerl! Außerdem«, fügte sie hinzu und nahm mich in den Arm, »dann hätten wir zwei doch keine Zeit mehr für einander!«

Da war ich ganz Tonis Meinung, aber ich wußte auch,

daß es noch einen weiteren Grund gab, warum sie zögerte, ihr ambulantes Gewerbe aufzugeben und einen Salon zu eröffnen: Auf einem unserer Spaziergänge im Schöneberger Stadtpark waren wir wie zufällig einem Herrn begegnet, dem schon von weitem anzusehen war, daß er ungeduldig auf jemanden wartete, und der seine Freude nicht verbergen konnte, als er uns nahen sah.

Es handelte sich, wie mir Toni später stolz erzählte, um Herrn Rabbinatsassessor Dr. Veilchenfeld, einen blonden Hünen um die 30, der ein großkariertes Sportjackett, dazu modische Knickerbocker, karierte Strümpfe und Haferlschuhe trug und so einen überaus sportlichen Eindruck machte.

Herr Dr. Veilchenfeld, den wir noch öfter trafen und den Toni dann »Egon« nannte, gefiel mir gut. Erstens kaufte er mir bei jeder Begegnung ein Eis zu fünfzehn Pfennig, was sehr nobel war; zweitens konnte er »Butterstullen«, das waren handtellergroße, flache Steine, so über den Teich schleudern, daß sie über das Wasser tanzten und immer weiter sprangen. Er lehrte mich dann auch noch diese Kunst, was ebenfalls nobel war. Drittens aber hatte er einen kleinen Sport-Zweisitzer, einen roten DKW, in den ich auch noch hineinpaßte, wenn Toni mich auf den Schoß nahm. Am Steuer setzte er sich erst eine sportliche Kappe sowie eine Motorradbrille auf, zog Wildlederhandschuhe an, und dann fuhr er mit uns mehrmals um den ganzen Stadtpark herum. An geraden, übersichtlichen Stellen gab er Gas, und einmal zitterte die Tachometernadel dicht an die 90 km/h-Marke heran! Da schrie Toni, er dürfe nicht so schnell fahren, sie habe Angst um mich und vor der Polizei, und er nahm zu meinem Leidwesen gehorsam den Fuß vom Gaspedal, versprach jedoch, uns bei nächster Gelegenheit auf die AVUS, die Automobil-Verkehrs- und Übungs-Straße, mitzunehmen, die durch den Grunewald bis zum Wannsee führte und wo er aus seinem Coupé mehr als 110 »Sachen« herausholen könnte!

Es kam leider nie dazu, und Frau Landauer, die mit Toni eng befreundet und über alles, was mit Dr. Veilchenfeld zusammenhing, bestens unterrichtet war, erzählte Seppi und mir, daß der »fesche« Herr Rabbinatsassessor das rote Auto nur von seinem Bruder geliehen habe, der Prokurist bei Friedländer & Co, Unter den Linden, sei und sich solchen Wagen leisten könne – im Gegensatz zu Egon, der erst noch ein richtiger Rabbiner werden wolle...

Dr. Veilchenfeld, der zu meiner Überraschung kein Bayer, sondern nur jüdisch und aus Glogau in Schlesien war, bekam dann etwas, das Frau Landauer respektvoll »eine Berufung« nannte, von der sie, wie uns schien, außerordentlich beeindruckt war. Er sollte in einer Kleinstadt am Niederrhein als Rabbiner der dortigen Gemeinde angestellt werden, mit einem guten Gehalt und einem Fünfjahresvertrag, allerdings nur unter der Bedingung, daß er sich vorher verheirate. Denn ein unverheirateter Rabbiner, so sagte Frau Landauer, sei eine Unmöglichkeit! Sie fügte lächelnd hinzu, Toni würde bestimmt eine gute Rabbinersfrau abgeben, eine *rebbezen* – das war wohl die bayerische Bezeichnung dafür –, wie man sie sich nur wünschen könne, wie gemalt, sozusagen, und ihr Mann, der Kantor, finde das auch. Indessen hatte Toni neuerdings ganz andere Pläne, von denen sie mir erzählt hatte, aber ich durfte noch nicht darüber sprechen.

Kürzlich war sie, als sie von Frau Levi, einer guten Kundin und Gattin des Zweiten Vorsitzenden der Synagogengemeinde, auf die Straße kam, von einem dort auf sie wartenden Herrn angesprochen worden. Ehe sie ihn abweisen konnte, hatte er sich höflich vorgestellt als Ludwig Kristeller, Friseurmeister, gebürtig aus Zorneding bei München, seit drei Jahren in Berlin ansässig, mit einem Salon in der Krausnickstraße, kaum hundert Schritt vom Tempel in der Oranienburger Straße. Er habe den Salon seinerzeit eröffnet in der – zunächst auch erfüllten – Hoffnung, die Vornehmsten der Gemeinde als Kunden zu gewinnen, da er ihr Glaubensgenosse sei und sein Geschäft in so bequemer Nähe zur Synagoge. Aber in letzter Zeit seien seine Umsätze leider stark zurückgegangen, was ihn sehr beunruhigte. Er wolle aber nichts dagegen unternehmen, was vielleicht später allen Beteiligten leid täte, vielmehr die geschätzte Kollegin um eine Aussprache bitten. Ob sie ihm wohl die Ehre erweise, mit ihm im nahen Café Bräsicke bei einer guten Tasse Kaffee und einem Stück des sehr empfehlenswerten Apfelkuchens die Sache zu besprechen?

Toni war nach kurzem Zögern mit ihm ins Café gegangen, aber ich wußte nicht, was sie dann miteinander abmachten. Jedenfalls wirkte sie keineswegs unglücklich, als sie mir anderntags davon erzählte. Herr Kristeller, sagte sie, mache einen sehr seriösen Eindruck, sei bestimmt kein Luftikus wie der fesche Egon, der uns mit dem roten Auto seines Bruders habe imponieren wollen, und er sehe zwar nicht ganz so gut aus wie Dr. Veilchenfeld, aber dafür sei er ein bayerischer Landsmann und ein wirklicher Kavalier, der kein einziges Mal die Gewerbeaufsicht, das Finanzamt oder die Handwerkskammer erwähnt habe, wo sie ihre rege Berufstätigkeit ja eigentlich hätte anmelden müssen, vielmehr nur erzählen wollte von seinem Salon mit den sechs Kabinen, die jetzt meist leer blieben, von seinem kleinen Sohn David, um den er, seit zwei Jahren Witwer, sich kümmern müßte, und von den Möglichkeiten einer Zusammenarbeit zum beiderseitigen Nutzen.

In den folgenden Wochen traf sich Toni ziemlich häufig mit Herrn Kristeller, den sie dann Ludwig nannte, und sie begann vom kleinen David zu schwärmen, was mir gar nicht gefiel. An einem Sonntagnachmittag erschien dann Herr Kristeller, der zuvor mit Toni bei Landauers zum Mittagessen eingeladen gewesen war, bei meinen Eltern, um in aller Form um Tonis Hand anzuhalten, was meinen Vater, wie ich sah, sehr verlegen machte. Meine Mutter rief rasch dazwischen, Toni sei ja wirklich bei uns wie Kind im Hause und uns allen ans Herz gewachsen, und ob Herr Kristeller lieber Kaffee oder Tee mit ihnen trinken wolle, vielleicht mit einem Gläschen Cognac dazu, denn man wolle ja anstoßen auf die glückliche Zukunft des jungen Paares, woraufhin alle erleichtert aufatmeten.

Der Abschied von Toni, nur wenige Wochen später, war schmerzlich und beiderseits tränenreich. Zwar versprachen wir uns häufige Besuche, aber die Krausnickstraße lag sehr, sehr weit weg vom Bayerischen Viertel, fast so weit wie das Werdenfelser Land im richtigen Bayern. Ich erkundigte mich dann noch beiläufig bei Toni, ob sie schon jüdisch geworden sei, und sie sagte:

»Ja, natürlich! Ludwig bat mich darum, und es muß ja auch sein – Davids wegen und auch wegen der Kundschaft... Aber es kam mir doch anfangs etwas seltsam vor«, fügte sie noch hinzu, was ich überhaupt nicht begreifen konnte, da sie doch aus Bayern kam und ich wußte, daß zwischen bayerisch und jüdisch kaum ein Unterschied war.

Das erfuhr ich erst ein paar Jahre später, aber Toni heiratete 1930. Da war unsere Welt im Bayerischen Viertel von Berlin, trotz der herrschenden Wirtschaftskrise und Arbeitslosigkeit, noch heil und weitgehend in Ordnung.

In meiner Volksschulklasse in der Babelsberger Straße waren wir zweiundfünfzig Jungen und ein Lehrer, Herr Strelow. Er unterrichtete uns in allen Fächern, auch in Religion, und nur wenige Eltern wunderten sich, daß alle gemeinsam daran teilnahmen. Knapp die Hälfte meiner Mitschüler war evangelischer, etwa anderthalb Dutzend jüdischer Konfession, die übrigen teils griechisch- oder russisch-orthodoxen, teils römisch-katholischen Bekenntnisses, und einer, der kleine Ali, war Moslem. Alle waren wir gebürtige Berliner, woran kein Zweifel aufkommen konnte, wenn man uns in der Pause auf dem Hof herumschreien hörte, und alle wohnten wir im Bayerischen Viertel. Für uns alle gab es im Religionsunterricht eine gereinigte, jugendfreie Strelowsche Fassung des Alten Testaments, wie es für Christen, Juden und Moslems gleichermaßen gültig und passend war.

Gelegentliche Unstimmigkeiten gab es lediglich, was die von uns vermutete Lage des Gelobten Landes anging. Die meisten nahmen an, damit sei bestimmt die Gegend gemeint, aus der ihre Eltern oder Großeltern stammten und die diese stets in rosigsten Farben schilderten. Die Variationsbreite reichte von Aserbeidschan bis Zagorien (auch »Kroatische Schweiz« genannt), unter Einschluß von Oberschlesien, Shitomir, Breslau, Vorpommern, der Ukraine, Ostpreußen, Welikija Luki, Bromberg und der Ukermark. Da schien es mir nicht so abwegig, daß ich das Gelobte Land, das ja jüdisch sein mußte, in Bayern vermutete, woher Toni, Frau Landauer, Herr Kristeller und auch der dicke Dr. Wollenberg kamen und von dem ein Abglanz auf unser Bayerisches Viertel gefallen war.

Saupreiß, kinesischer!

Der Freistaat Bayern ist ja leider, weil es die historischen Umstände so mit sich gebracht haben, nur zum kleineren Teil wirklich bayerisch. Von den sieben Regierungsbezirken sind fünf – Ober-, Mittel- und Unterfranken, die Oberpfalz und Schwaben – koloniale Erwerbungen, die allergrößtenteils erst im 19. Jahrhundert und zumeist als Geschenke Napoleons I. dem eigentlichen Bayern einverleibt werden konnten. Angemerkt sei, daß sich die Eingeborenen der fränkischen Protektorate, da sie des Lesens und Schreibens in weit stärkerem Maße kundig waren und sind als die Bayern, der Verwaltung des Ganzen in einem Maße bemächtigt haben, das dem Dreifachen ihres Bevölkerungsanteils entspricht. So ist zwar Bayerns Regierung Herr über Franken, doch die Ausübung der Herrschaft, auch über das eigentliche Bayern, muß sie weitgehend den Franken überlassen.

Übrigens ist auch Niederbayern nur zum Teil urbayerisch. Von den nördlich der Donau gelegenen niederbayerischen Gebieten sind etliche erst im Zuge der Mediatisierung und Säkularisierung von Bayern geschluckt worden. So läßt sich das »richtige« Bayern auf ein Territorium beschränken, das im Westen vom Lech, im Norden und Nordosten von der Donau, im Südosten vom Inn und im Süden von den nördlichsten Kämmen der Alpen begrenzt wird.

Mittendrin liegt die Hauptstadt München. Ihre erste Erwähnung findet sich in den aus dem 12. Jahrhundert stammenden Annalen der ehedem gefürsteten, 1803 aufgehobenen Benediktinerabtei Tegernsee, deren Mönche (muniche) wohl auch die Namensgeber der späteren Landesmetropole waren. Indessen war die Abtei Tegernsee eine Gründung der Agilolfinger, die ihrerseits leider keine Bayern, allenfalls Franken waren.

Da das eigentliche Bayern einesteils so klein und dünn besiedelt, andernteils so wunderschön war und ist, wurde es im Laufe der Geschichte – und wird noch heute – von Landfremden geradezu überschwemmt. Die vor-indoeuropäische Urbevölkerung, von der niemand weiß, wie sie ausgesehen hat und ob das Mannsvolk schon gamslederne Hosen trug, wurde bereits vor Beginn unserer Zeitrechnung von den keltischen Vindeliziern in unwegsame Gegenden, hauptsächlich in schwer zugängliche Hochtäler, verdrängt. Dann kamen die Römer, will heißen: Soldaten, Beamte und Händler aus allen Teilen des Römischen Reiches, unterwarfen die Vindelizier, errichteten wichtige Städte aber nur an den Grenzen des eigentlichen Bayern: Augsburg am Lech, Regensburg an der Donau, Passau an der Einmündung des Inn und der Ilz in die Donau (wobei die Passauer Garnison ihre Soldaten nicht aus Kleinasien, aus Afrika oder vom Balkan rekrutierte, sondern Bataver von der Rheinmündung verwendete).

Als dieses bunte Völkergemisch, das sich »Römer« nannte, schon in der zehnten, zwölften oder dreizehnten Generation in Bayern heimisch geworden war, kam eine neue Invasion, diesmal aus Böhmen. Es waren die Bajuwaren, die sich das schöne Land aneigneten und ihm ihren Namen gaben, bald aber ihrerseits unter fränkische Oberherrschaft gerieten, die sie immer wieder und lange vergeblich abzuschütteln versuchten.

Im fünften, sechsten und siebenten Jahrhundert gab es Einfälle der Hunnen und der tatarischen Awaren, die beide gern in Bayern geblieben wären, aber wieder vertrieben wurden. Im achten Jahrhundert kamen dann Engländer ins Land, Damen und Herren geistlichen Standes. Sie bemühten sich, die bis dahin nur sehr oberflächliche Christianisierung der Bayern zu vertiefen und gingen so gründlich vor, daß ihr Werk die folgenden zwölf Jahrhunderte bis heute überdauert hat. Ihr Anführer Winfried, genannt Bonifatius, errichtete Bistümer, wiederum an den Grenzen, nämlich in Regensburg, Passau und Salzburg, dann aber noch ein weiteres, mitten im Land, in Freising, wo ein fränkischer Mönch namens Corbinianus bereits 725 die Benediktinerabtei Weihenstephan gegründet hatte. Sie wurde zu einer Kultstätte bayerischer Braukunst und ist es bis heute geblieben, was wohl nicht zuletzt dazu beigetragen haben mag, daß Korbinian heiliggesprochen wurde und in Bayern bis heute ganz besondere Verehrung genießt.

Als nächste Invasoren kamen die Ungarn, die aber 955 auf dem Lechfeld nördlich von Augsburg eine vernichtende Niederlage erlitten und sich zurückziehen mußten. In den folgenden Jahrhunderten blieb Bayern von Einfällen, Kriegswirren, Bauernaufständen und auch von der Reformation weitestgehend verschont. Erst im Dreißigjährigen Krieg kamen wieder fremde Eroberer: die Schweden, die 1632 unter Gustav Adolf siegreich in München einzogen und bis an den Tegernsee vorstießen. 1704 und abermals 1742 besetzten Panduren, Kroaten und magyarische Husaren der Habsburger ganz Bayern und behandelten es als Feindesland so brutal, daß dies bis heute unvergessen ist. Hingegen wurden die Franzosen, die 1796 und 1800 Bayern überschwemmten, zu dem Lande freundlich gesinnten Oberherren, die den Besitzstand der bayerischen Kurfürsten stark vergrößerten und ihnen sogar die Königskrone zu tragen erlaubten.

Zu dieser Zeit war München bereits eine fast so kosmopolitische Stadt wie heute. An der Spitze der Regierung stand Maximilian de Garnerin, Seigneur de la Thuille de Montgelas, dessen Familie aus Savoyen stammte, der aber schon in München geboren war und der eine Komteß Arco geheiratet hatte, deren Sippe aus Italien eingewandert war.

Die Mehrzahl der bayerischen Adelshäuser kam aus Frankreich oder Italien: die Grafen Pocci, Bouillon, Ferrari, Montjoye, Spreti, Bray, Basselet de la Rosée, Seyssel d'Aix, Du Moulin-Eckhart, Pestalozza, Dürckheim-Montmartin, Rambaldi, Thurn-Valsássina, Piatti, Moy oder auch die längst heimisch gewordenen Damen und Herren des niederen Adels der Familien Dall' Armi, Maffei, Branca, DuPrel, Bonnet-Meautry, Lamezan, Messina, Ostini, Riccabona, Ribeaupierre, Michel-Raulino, Moreau, Maillot de la Treille, Vequel, Cetto, Godin, Bally, Le Suivre, Malaisé, Ausin, Traitteur, Destouches, Gilardi, Fabri, Le Bret-Nucourt, Langlois, Culon, Polignac, Rebay, Rarécourt, Savoye, Scanzoni und noch viele mehr. Auch die Fürsten von Thurn und Taxis, ursprünglich Torre e Tasso, stammten aus Norditalien, wogegen die Grafen von Almeida aus Portugal, die Grafen Butler v. Clonebough aus Schottland, die Familie v. Hérigoyen aus dem Baskenland und die Freiherren v. Aretin aus Armenien nach Bayern gekommen waren.

Die Aretins verdankten ihre Zuzugserlaubnis nach Bayern der Gattin des Kurfürsten Max II. Emanuel, einer polnischen Prinzessin. Die lebenslustige junge Frau war ihres Gemahls und dessen zahlreicher Liebesaffären überdrüssig geworden und hatte sich nach Venedig abgesetzt, woraufhin ihr die Apanage gesperrt worden war. Zurück nach München konnten sie und ihr kleiner Hofstaat jedoch auch nicht, weil sie dann erst ihre schon sehr hohen venezianischen Schulden hätten bezahlen müssen.

»Erst ging es uns in Venedig ziemlich scheißig«, hat sich einer ihrer Begleiter, der Hofmarschall Graf Preysing, damals notiert, »dann aber kam der armenische Knabe, hei, da war der Himmel voller Geigen und wir alle wieder wohlauf!«

Der armenische Knabe, Aroutinoun Caziadur geheißen, war noch ein Kind, das in Begleitung treuer Diener vor den Türken geflohen war, ein Sohn eines armenischen Kleinkönigs, wie versichert wurde, auch ungeheuer reich. Das Kind und sein mitgebrachter Schatz brauchten Schutz, die Kurfürstin und ihr Hofstaat dringend Geld, und so adoptierte sie den Jungen kurzerhand und übernahm persönlich die Verwaltung seines großen Vermögens. Später nahm sie Aroutinoun mit nach München, und als er das Jünglingsalter erreicht hatte, hoffte der kurfürstliche Hof auf eine Gelegenheit, ihm bei Erreichung der Volljährigkeit die Herausgabe seines Erbes zu verweigern. Diese kam, als der temperamentvolle Armenier 1725 einen vorwitzigen Lakaien im Zorn erdolchte.

Zwar war ein toter Lakai damals wirklich kein Grund, einen Prinzen zu bestrafen, doch in diesem Fall war man streng. Dem neunzehnjährigen Adoptivsohn der Kurfürstin wurden Rang und Vermögen aberkannt, er selbst an die äußerste Nordgrenze Bayerns, nach Ingolstadt an der Donau, verbannt, wo er als Hauptzolleinnehmer seinen Lebensunterhalt verdienen mußte. Graf Preysing, der schon die Ankunft des armenischen Knaben in Venedig so anschaulich geschildert hatte, notierte sich bei dessen Abgang in die Verbannung:

»Daß der Armenier den Lakaien erstach, ist traurig, hat aber auch sein Gutes: Wir sind ihn los!«

Erst fünfundvierzig Jahre später, als die Kurfürstin längst verstorben und der armenische Schatz nur noch eine blasse Erinnerung war, rehabilitierte Kurfürst Max III. Joseph seinen Adoptivonkel kurz vor dessen Tode, ernannte ihn zum Freiherrn und gab ihm – Aroutinoun Caziadur klang allzu fremd für bayerische Ohren – den Namen »v. Aretin«.

Dies geschah 1769. Rund dreißig Jahre später, in der napoleonischen Zeit, kamen drei Enkel dieses ersten, noch in Armenien geborenen Freiherrn v. Aretin in kurfürstlich, bald sogar königlich bayerischen Diensten zu hohen Ämtern: Der erste, Georg Freiherr v. Aretin, wurde Generalkommissär im annektierten Tirol, wo die bayerischen Besatzer den aufrührerischen Bauernführer Andreas Hofer nach vielen schweren Niederlagen schließlich besiegen konnten, um ihn dann zu Mantua erschießen zu lassen. Der zweite Enkel, Adam Freiherr

v. Aretin, wurde die rechte Hand des allmächtigen bayerischen Premierministers Graf Montgelas, später Bevollmächtigter Bayerns beim Frankfurter Bundestag. Der dritte schließlich, Christoph, wurde unter Montgelas Chefkommissär und war zuständig für die gründliche Plünderung der Kunstschätze und Bibliotheken aller aufgehobenen Abteien und anderer geistlicher Herrschaften, später Präsident des Appellationsgerichts in München.

Unter Montgelas und unter Assistenz der Brüder v. Aretin verwandelte sich das vergleichsweise rückständige, noch in spätmittelalterlichen, feudalen Strukturen verbliebene Bayern rasch in einen modernen Staat nach französischem Muster, straff zentralistisch und bürokratisch verwaltet und ausgerichtet. Die Landeshauptstadt München aber entwickelte sich zu Beginn des 19. Jahrhunderts aus einer engen, noch stark von landwirtschaftlichem Nebenerwerb der Bürger geprägten Kleinstadt zu einer prächtigen, von großen Künstlern und Architekten gestalteten Residenz. Dazu war wiederum eine wahre Invasion von Ausländern vonnöten, denn das heimische Handwerk war dieser Aufgabe – noch – nicht gewachsen. Es würde Bände füllen, wollte man alle aufführen, die als Gartenarchitekten, Baumeister, Fassadengestalter, Maler, Bildhauer und so weiter damals nach München strömten. So seien nur einige wenige herausgegriffen:

Der Architekt François de Cuvilliés aus Soignies, der schon 1725 nach München gekommen war, hatte in kurfürstlichem Auftrag die Amalienburg in Nymphenburg sowie das Residenztheater in München geschaffen, daneben noch manches andere, was zu den hervorragendsten Denkmälern des Rokoko in Deutschland gehört, beispielsweise die Ausstattung des »Reichen Zimmers« und des Porzellankabinetts in der Residenz sowie das Erzbischöfliche Palais, ursprünglich Palais Holnstein, in der Kardinal-Faulhaber-Straße. Sein Sohn

François, genannt Cuvilliés der Jüngere, schuf das Karlstor und entwarf auch die meisterhafte Fassadenauflokkerung an der Theatinerkirche, die von zwei Italienern, Agostino Barelli und Enrico Zuccali, erbaut worden war. Das daran anstoßende Kloster, heute Sitz des Staatsministeriums für Unterricht und Kultus, wurde von Lorenzo Perti aus Como begonnen und von Giovanni Viscardi vollendet. Von Viscardi stammen auch die Arkaden und Pavillons der Schloßanlage Nymphenburg, deren Mitteltrakt Barelli erbaute. Das Palais Gise in der Prannerstraße wird dem bedeutendsten Schüler Cuvilliés', Lespilliez, zugeschrieben, das klassizistische Almeida-Palais in der Brienner Straße stammt von Jean Baptiste Métivier aus Rennes, das Palais Montgelas am Promenadenplatz dagegen von Joseph Emanuel v. Hérigoyen, dessen Familie aus Ustaritz am Nordrand der Pyrenäen nach München eingewandert war.

Der Garten des Schlosses Nymphenburg erhielt erst italienische, dann durch Charles Carbonet französische Gestaltung. Münchens berühmter Englischer Garten aber wurde im späten 18. Jahrhundert von einem Amerikaner, Benjamin Thomson, angelegt, dem Bayern noch vieles andere zu verdanken hat.

Thomson, 1752 in dem Dorf Rumford, der heutigen Hauptstadt Concord des Bundesstaates New Hampshire, geboren, kam aus sehr armer Familie und verlor früh seine Eltern. Ein Pfarrer nahm ihn auf und ließ den hochintelligenten Jungen ein College, anschließend die Harvard Universität von Massachusetts besuchen. Thomson schlug sich dann als Physiklehrer durch, geriet in die Wirren des amerikanischen Unabhängigkeitskriegs, kämpfte auf britischer Seite und brachte es bis zum Kommandeur eines Dragonerregiments in Charleston. 1783 nach Friedensschluß mußte er, da er auf der falschen Seite gekämpft hatte, Amerika verlassen und wandte sich nach Bayern, wo ihn Kurfürst Karl Theodor zum Oberst eines Kavallerieregiments, später zum General, Staatsrat und Kriegsminister, auch zum Grafen von Rumford (nach seinem Geburtsort) ernannte. Rumford-Thomson wurde indessen nicht nur der Reorganisator der bayerischen Armee, sondern nahm sich besonders der städtischen Unterschicht Münchens an, die größtenteils vom Betteln lebte. Er ließ Quartiere für Obdachlose und Volksküchen einrichten, erfand billige Lampen und Sparöfen, die große Verbreitung fanden, ordnete die Errichtung von Manufakturen an, wo zahlreiche Ungelernte Beschäftigung fanden, führte den massenhaften Anbau von Kartoffeln ein, die bis dahin in Bayern unbekannt gewesen waren, und entwickelte Rezepte, um diese billige und sättigende Volksnahrung populär zu machen. Wahrscheinlich ist Rumford der Erfinder des Kartoffelknödels und des Reiberdatschi, bestimmt der der Rumford-Suppe, die er als ebenso preiswertes wie nahrhaftes und wohlschmeckendes Vorgericht einführte. Nachdem er seinen Münchner Aufenthalt mit der Anlage des Englischen Gartens gekrönt hatte, ging er 1798 nach London, dann nach Paris. Er starb 1814 in Auteuil.

Doch nicht nur der bayerische Adel und die Hofgesellschaft sowie die zahlreichen Künstler, Baumeister und Gelehrten, die München zu einer Stadt der Musen und der Wissenschaften machten, kamen zu einem ungewöhnlich großen Teil aus fernen Ländern. Auch die Mittel- und Unterschichten der Landeshauptstadt waren häufig Einwanderer oder deren Nachkommen. Sie stammten meist aus Italien, Böhmen oder Ungarn, gar nicht wenige aber auch aus Griechenland und aus der Türkei.

Daß sich im frühen 19. Jahrhundert so viele Griechen in München aufhielten, war die Folge der Begeisterung Ludwigs I., des ältesten Sohns von Max I. Joseph, für den Befreiungskampf Griechenlands von der Herrschaft der Türken. Dieser langwierige, äußerst blutige und grausam geführte Kleinkrieg konnte nur durch die Intervention der europäischen Mächte zugunsten der Griechen entschieden werden, und 1832 wurde König Ludwig von Bayerns jüngerer Sohn Otto von der Londoner Konferenz zum König von Griechenland proklamiert.

Drei Jahrzehnte lang versuchte König Otto, auch mit Hilfe bayerischer Truppen und Verwaltungsbeamter, das verwüstete Land und seine unter der Türkenherrschaft dezimierte und verwilderte Bevölkerung zu befrieden. Dann wurde er von Aufständischen gestürzt und kehrte nach Bayern zurück, mit ihm nicht nur etliche Griechen aus den oberen Rängen seines Hofstaats und seiner Regierung, sondern auch zahlreiche Dienerschaft sowie viele griechische Frauen von bayerischen Soldaten und Verwaltungsbeamten. So entstand in München eine griechische Kolonie, doch schon vor dem Ausflug der Wittelsbacher nach Griechenland muß es eine größere Anzahl griechischer Flüchtlinge in München gegeben haben, denn bereits 1829 wurde ihnen die St. Salvator-Kirche, die 1803 säkularisiert worden war, für Gottesdienste nach dem griechisch-orthodoxen Ritus überlassen, und es bestand damals schon eine größere griechische Kirchengemeinde.

Was aber die Münchner Türken betrifft, so waren diese nur zum geringeren Teil als Händler oder Gewerbetreibende an die Isar – und auch in andere bayerische Städte, vor allem nach Regensburg – gekommen, meist als Vertreter des lebhaften Orienthandels, der donauaufwärts begehrte Gewürze, Trockenfrüchte, Teppiche sowie kunstvolle Leder- und Schmiedeerzeugnisse ins Land brachte, gelegentlich auch als Ärzte. Das Gros der Münchner Türken des 17. und 18. Jahrhunderts aber war höchst unfreiwillig nach Bayern gelangt, nämlich als Kriegsgefangene.

Nach dem Sieg über das türkische Heer, das Wien belagert und beinahe eingenommen hatte, war der an der Entsetzung beteiligte bayerische Kurfürst 1686 mit etwa tausend türkischen Gefangenen nach München zurückgekehrt. Diese Türken wurden zum Kanalbau sowie als Arbeiter an den Webstühlen der kurfürstlichen Tuchfabrik in der Au verwendet. Andere wurden als Sänftenträger bei Hofe eingesetzt und beaufsichtigt von einem Münchner Sesselmeister, der für ihr Wohl zu sorgen hatte.

Alle Einzelheiten waren durch eine besondere ministerielle Instruktion geregelt, worin es hieß: »Hat er die Türken, welche zum Tragen gebraucht werden, in Obacht zu halten, daß sie... nicht schlämplich dahergehen, sondern sich allezeit sauberhalten. An Fleischtagen sollen sie zu Mittag gutes Ochsen- oder Rindfleisch, auch Suppen und Kraut, zu Nacht wiederum Fleisch nebst Reis oder Gerste... und Salat haben... Zum Trunk gebührt einem bei jeder Mahlzeit eine halbe Maß Bier. Sollen sie stets in guter Freundschaft erhalten werden...«

Für München, das gegen Ende des 17. Jahrhunderts, als die Türken in die Stadt kamen, kaum zehntausend Einwohner gezählt hatte – erst gegen Ende des 18. Jahrhunderts waren es etwa 35 000, um 1840 annähernd 100 000 –, hatten die türkischen Gefangenen einen Bevölkerungsanteil von rund zehn Prozent ausgemacht. An ihre Integration war zunächst nicht gedacht worden; man hielt die fremdsprachigen und fremdgläubigen Männer als Zwangsarbeiter und schloß sie nachts ein. Frauen und Kinder sollten von ihnen unbedingt ferngehalten werden, und ab und zu mußten die Behörden an diese Vorschrift erinnern, wohl weil sie nicht eingehalten wurde. Denn wie wäre es sonst zu erklären, daß die Gefangenen von 1684 sehr zahlreiche Nachkommen hinterließen, die in den folgenden Generationen das Gros der vorstädtischen Bevölkerung der Au rechts der Isar, rund um den weiten Mariahilfplatz, bildeten? Da unterschieden sie sich von den anderen Auern nur noch durch ihre türkischen Namen, trugen aber keinen Fez mehr und holten sich gleich ihren Nachbarn ihre abendliche Maß bei den Paulanern oder beim sogenannten

Damenwirt, denn über Bier hatte sich der Prophet, der Wein und Weinbrand so streng verboten hatte, im Koran nicht geäußert.

Schließlich glichen sie ihre Namen – nach dem Vorbild der Aretins – der deutschen Zunge etwas an, zumal wenn sie sich mit einer katholischen Münchnerin verehelichten und aus diesem Anlaß taufen ließen. Oft wurde dann auch aus »Jussuf dem Osman« oder »Machmud dem Türk« ein Joseph Ossmann oder ein Max Türk. Erst kürzlich traf ich bei einer hohen bayerischen Staatsbehörde einen Referenten, der sich hinsichtlich eines sogenannten Ausländerproblems sehr uneinsichtig verhielt und von »unerwünschter Überfremdung« sprach. Erst als ich ihn, der sich als Urmünchner bezeichnete, an seine Vorfahren vom Mariahilfplatz erinnerte, lenkte er ein, der Herr Regierungsrat Dr. Türck. Was aber die »Überfremdung« Bayerns und insbesondere Münchens betrifft, so nahm sie im 19., erst recht im 20. Jahrhundert Ausmaße an, von denen sich Altbayern der Zeit vor den Reformen des Grafen Montgelas nichts hätte träumen lassen.

Zunächst kamen im Zeichen der beginnenden Industrialisierung und des Eisenbahnbaus etliche Tausend Arbeiter jährlich, zumeist aus Italien und Österreich (wobei die Österreicher vorwiegend Tschechen, Slowenen, Kroaten, Ungarn oder Polen waren), sowie Ingenieure (wozu auch Lokomotivführer zählten) aus dem industriell weit fortgeschrittenen Großbritannien.

Eine Britin, genauer: Schottin mit kreolischer Mutter, übernahm in den vierziger Jahren des 19. Jahrhunderts sogar de facto die Herrschaft in Bayern und stellte in ihrer Person eine Art Gegenregierung gegenüber dem stockreaktionären und frömmlerischen Regiment des offiziellen Kabinetts unter Führung des Ministerpräsidenten Karl v. Abel, der zugleich Innen- und Kultusminister war. Diese Dame hieß Mrs. James, nannte sich aber Lola Montez und bezauberte als Tänzerin nicht nur einen Großteil der studentischen Jugend Münchens, eine Vielzahl von Herren der Gesellschaft und des Hofes, sondern auch den König Ludwig I., den sie völlig in ihren Bann schlug.

Während Ministerpräsident v. Abel ganz nach dem Willen des reaktionären Wiener Staatskanzlers Fürst Metternich und der Jesuiten regierte, sich mit der Aufhebung der Zensurfreiheit und der Wiedereinführung der Stockprügel sogleich als entschlossener Gegner jedweden Fortschritts vorstellte, durch Verordnung die protestantischen Soldaten zur Teilnahme am katholischen Militärgottesdienst und zum Beugen der Knie vor jeder Monstranz und jedem Kruzifix zwang und die ohnehin sehr zahme parlamentarische Opposition vollständig lähmte, indem er allen Beamten, Advokaten und Ärzten den Urlaub zur Teilnahme an den Sitzungen verweigerte, verfolgte Lola Montez eine entgegengesetzte Politik. Sie schrieb Essays gegen das ultramontane Männerregiment und für die Frauenemanzipation, schockierte die Münchner Spießbürger durch gewagte Kleidung, lockere Sitten und öffentliches Zigarillorauchen und verspottete die bigotten Münchner Professoren von Abels Gnaden. Der Teil der Studentenschaft, der ihr begeistert anhing, vor allem das Korps »Alemania«, auch die »Lolamontanen« genannt, wurde immer häufiger in Streitigkeiten mit anderen Studenten, »frömmelnden Strebern«, regenschirmbewaffneten Kaplänen und sittenstrengen Bürgern verwickelt, und es kam zuletzt zu regelrechten Straßenschlachten. Wegen der vom König geforderten Einbürgerung der forschen Lola und ihrer Erhebung zur Gräfin Landsfeld kam es zu einer Regierungskrise; Abel mußte zurücktreten, doch die Märzrevolution von 1848 fegte nicht nur die reaktionären Feinde der Gräfin hinweg, sondern zwang auch sie zur Flucht in die Schweiz, ihren König Ludwig zur Abdankung. Sein Sohn, Maximilian II., folgte ihm auf dem Thron.

In den nächsten zwei Jahrzehnten gab es nur eine große militärische Invasion Bayerns, die für das Land und seine Bewohner insofern dramatische Auswirkungen hatte, als zwar niemandem ein Haar gekrümmt noch Nennenswertes geraubt wurde, das Selbstbewußtsein der Bayern aber einen heftigen Stoß bekam und die Souveränität des Königreichs nicht nur Schaden erlitt, sondern bis zum bloßen Schein verkümmerte.

Schuld daran waren die Preußen unter Führung Bismarcks, und das ist ihnen bis zum heutigen Tage in Bayern unverziehen! Dabei hatte das Ganze recht hoffnungsvoll begonnen: Das protestantische Preußen und das katholische Habsburgerreich waren um die Mitte des 19. Jahrhunderts zu Rivalen geworden, was die Vorherrschaft im Deutschen Bund betraf. Österreich zeigte sich anfangs dabei im Vorteil, und Bayern als nächstgrößte Macht im deutschen Fürstenbündnis sympathisierte mit Wien, spielte aber noch lieber die Rolle des Beschützers der Rechte aller anderen deutschen Kleinstaaten gegenüber den beiden rivalisierenden Großen, notfalls sogar im Bunde mit dem starken Frankreich Napoleons III.

Im Frühjahr 1866 war es in der schleswig-holsteinischen Frage zum Konflikt zwischen Preußen und Österreich gekommen. Der Notenwechsel zwischen Wien und Berlin wurde immer gereizter, aber in München nahm man den fern im Norden gelegenen Zankapfel und den Streit darum nicht sonderlich ernst. Als es dennoch Mitte Juni 1866 zu Kriegserklärungen Wiens an Berlin und Berlins an Wien kam und Österreich den Deutschen Bund zur militärischen Mobilmachung gegen Preußen aufrief, war man in München noch immer nicht vom Ernst der Lage überzeugt und zudem sicher, daß Österreich im Bunde mit den deutschen Mittel- und Kleinstaaten die preußischen Herausforderer schon in ihre Schranken weisen werde. Auch hatte Bayern ja glücklicherweise keine direkte Berührung mit preußischem Gebiet, wenn man von der damals zu Bayern gehörenden Rheinpfalz absah. So konnte man in München hoffen, Sachsen, Hannover und Kurhessen würden die preußischen Truppen aufhalten, bis Österreichs Heer siegreich in Berlin eingezogen wäre.

Doch schon am 3. Juli waren die Österreicher bei Königgrätz in Böhmen von den Preußen vernichtend geschlagen, am 4. Juli 1866 auch die Bayern, die bis dahin an einen richtigen Krieg noch immer nicht geglaubt hatten. Eine einzige preußische Granate, bei Hünfeld in Hessen gegen Kürassiere der Vorhut der bayerischen Kavallerie abgefeuert, scheuchte das ganze Korps, das ein Prinz von Thurn und Taxis befehligte, zurück bis nach Schweinfurt. Während daraufhin die bayerischen Unterhändler in Nikolsburg bei Bismarck vergeblich für einen Waffenstillstand plädierten und insgeheim Frankreich zum Eingreifen aufforderten, rückten preußische Truppen in Bayern ein und hatten bis Ende Juli das Land fest in der Hand. Noch im August diktierte Bismarck den Bayern die Friedensbedingungen, die überraschend milde ausfielen: 30 Millionen Gulden Kriegsentschädigung, die Abtretung einiger kleiner Grenzgebiete im äußersten fränkischen Norden sowie ein geheimes Bündnis mit dem siegreichen Gegner.

Aber gerade die letzte Bedingung, mit deren Erfüllung sich Bayern auf Gedeih und Verderb der preußischen Militärmacht unterordnen mußte, stieß im Lande auf heftige Ablehnung. Klerikale, Monarchisten und großdeutsche Liberale waren sich in diesem Punkt ausnahmsweise einig, nämlich daß das erzwungene Schutz- und Trutzbündnis mit Preußen der Anfang vom Ende sei. Aber als dann vier Jahre später, im Sommer 1870, der Bündnisfall eintrat, weil Bismarck mit viel List und Tücke den Franzosenkaiser in eine Situation manövriert hatte, wo dieser den Krieg gegen Preußen beginnen *mußte*, wollte er nicht gestürzt werden, da siegte in Bayern die Rauflust über alle Vernunft und sogar über die tiefe Abneigung, die man im Lande gegen die preußischen Verbündeten hegte. Bayern trat tatsächlich an der Seite Preußens und des Norddeutschen Bundes in den Krieg gegen Frankreich ein, gegen die einzige europäische Macht, die die Erhaltung der bayerischen Souveränität zu garantieren bereit war!

Von der Leibgarde der Hartschiere unter Generalkapitän Graf Verri della Bosia über die Chevaulegers-Regimenter – in Bayern *Schwuleschee* genannt – unter dem Kommando der Herren Obristen Passavant, v. Feury, v. Madroux, Dall'Armi und Casella sowie die »Leiber«, das Infanterie-Leibregiment unter Oberst v. Malaisé, bis hin zum letzten Train-Bataillon des Majors Muschi di Trombetta wurde alles mobil gemacht. Schon Anfang September war Napoléon III. bei Sedan vernichtend geschlagen und gefangengenommen – allerdings von den Preußen, nicht von den Bayern –, und nun konnte Bismarck seine Trümpfe ausspielen: Er forderte den Bayernkönig auf, dem König von Preußen die deutsche Kaiserkrone anzutragen mit der Bitte, an die Spitze eines Reiches zu treten, in das Bayern sich wie alle anderen deutschen Mittel- und Kleinstaaten brav einzugliedern bereit sei (und aus dem nur die katholischen mit Bayern politisch eng befreundeten Österreicher ausgeschlossen sein sollten)!

Der damalige König von Bayern war der vom bayerischen Volk bis heute hochverehrte Ludwig II., der 1864 im Alter von erst achtzehn Jahren den Thron bestiegen hatte, ein Sohn Maximilians II. und einer Tochter des Preußenprinzen Wilhelm. Er hatte für die Staatsgeschäfte wenig übrig, war schon als junger Mann ein menschenscheuer Romantiker, der sich ganz seiner schwärmerischen Verehrung für Richard Wagner und dessen Musik überließ. Kaum war Ludwig König geworden, zog Wagner an seinen Hof. Ludwig überhäufte ihn mit Auszeichnungen und Geschenken, entließ ihn aber bereits Anfang 1866 abrupt. Während des Krieges von

1866 hielt er sich zurückgezogen auf Schloß Berg am Starnberger See und auf der benachbarten Roseninsel auf. 1867 verlobte er sich mit einer Kusine zweiten Grades, löste aber diese Verbindung schon wenige Wochen später und wurde von da an noch menschenscheuer. In München erschien er nur äußerst selten, verbrachte die Sommer meist auf den Schlössern Hohenschwangau und Linderhof. Später wurde der Ausbau von Linderhof und Herrenchiemsee zu Prachtschlössern nach dem Muster von Versailles seine ganze Leidenschaft, und er krönte sein Werk mit dem Bau des Märchenschlosses Neuschwanstein. Alle diese Passionen, zu denen sehr aufwendige Privattheateraufführungen auf seinen Lieblingsschlössern kamen, verschlangen Unsummen, die der bayerische Staat nur durch Anleihen in Millionenhöhe aufzubringen vermochte.

Mit seinen Ministern und Hofbeamten verkehrte er nur noch brieflich, zeigte sich selbst beim Einzug seiner in Frankreich siegreichen Armee nur für wenige Minuten und wurde immer wunderlicher, berühmt unter anderem für nächtliche Fahrten mit dem Pferdeschlitten durch die waldreiche Umgebung seiner Schlösser. Mit dem auf sein – schriftliches – Verlangen hin zum Kaiser proklamierten Preußenkönig vermied er jede Begegnung, gab auch seinem Mißfallen Ausdruck, wenn seine bayerischen Untertanen Mitgliedern des Hauses Hohenzollern zujubelten. Wenn er trotz seiner Menschenscheu und maßlosen Verschwendungssucht bei den Bayern höchstes Ansehen genoß, so hatte dies zum einen damit zu tun, daß er die christkatholischen Politiker, die in München das Sagen hatten, immer wieder in ihre Schranken wies und – schriftlich – als Heuchler und Frömmler beschimpfte, zum anderen aber – und das betraf mehr die bayerischen Frauen, obwohl er sich aus dem schönen Geschlecht gar nichts machte –, weil er so ein schöner, stattlicher Mann und ein hoffnungsloser Romantiker war. Nachdem er 1886 für geisteskrank erklärt und unter ärztliche Aufsicht gestellt worden war und kurz darauf, zusammen mit seinem Arzt, im Starnberger See ertrank, gab es im bayerischen Volk kaum noch Zweifel, daß sein guter König von den Finstermännern heimtückisch umgebracht worden sei, und dieser Glaube hat sich bis auf den heutigen Tag erhalten.

Was die Bayern hingegen nicht glauben wollen, ist eine historische Tatsache, die bis in die Einzelheiten wissenschaftlich erforscht und einwandfrei belegt ist: Der gute König Ludwig II. hat Bayern an die Preußen verkauft!

Zur Überwindung der süddeutschen Widerstände gegen seinen Plan, ein von Preußen beherrschtes Deutsches Reich zu schaffen, hatte Bismarck den Hebel an der für ihn günstigsten Stelle angesetzt, nämlich bei dem Monarchen des nach Preußen größten, zudem überwiegend katholischen, habsburgfreundlichen und preußenfeindlichen Landes, dem Bayernkönig Ludwig II. Durch Mittelsmänner in der Umgebung des Königs ließ er dem ewig geldbedürftigen König eine lebenslängliche Rente von jährlich 300 000 Goldmark offerieren – eine Summe, die uns heute gering erscheinen mag, die aber damals einen Wert hatte, der mit mindestens zehn Millionen Mark jetziger Währung gleichzusetzen ist. Die einzige Gegenleistung, die Bismarck dafür forderte: Ludwig sollte ein in Berlin bereits konzipiertes Handschreiben an den König von Preußen richten, worin er ihn im eigenen wie im Namen aller deutschen Fürsten aufforderte, die erbliche Kaiserkrone anzunehmen und an die Spitze eines als Fürstenbund gedachten, kleindeutschen Reiches zu treten.

Bismarcks Hauptmittelsmann, der dem Bayernkönig den Briefentwurf und die Rentenzusage überbracht und dessen – mit dem Konzept fast wörtlich übereinstimmendes – Handschreiben an König Wilhelm von Preußen zurück ins Hauptquartier nach Frankreich befördert hatte, war Ludwigs Freund und »Roßober« genannter Oberststallmeister Graf Holnstein (der zehn Prozent jeder Jahresrate, also jeweils 30 000 Goldmark, von Bismarck als Provision dafür erhielt). Einigen wenigen weiteren Mitwissern wurde mit kleineren Summen der Mund gestopft, teils von Ludwig, teils von Bismarck. Denn die »großartige Schmiererei«, wie der bayerische Ministerpräsident Graf Lutz diese Bestechung später nannte, mußte ja strikt geheimgehalten werden.

Eine Enthüllung hätte nicht nur Ludwig II. den Thron kosten und den »Eisernen Kanzler« zum Rücktritt zwingen können; auch der Bestand des gerade erst gegründeten Reiches und das Ansehen des neuen Kaisers wären in höchstem Maße gefährdet gewesen. Denn mit just dem erkauften Brief des Bayernkönigs war am 18. Januar 1871 im Spiegelsaal des Schlosses von Versailles Ludwigs Onkel, Prinz Luitpold von Bayern, der spätere Prinzregent, vor die versammelten Fürsten, Heerführer und Minister getreten und hatte den darüber gar nicht sehr glücklichen Preußenkönig zum deutschen Kaiser ausgerufen.

Was diese »großartige Schmiererei« noch skandalöser – und infolgedessen noch brisanter im Falle einer Enthüllung – machte, war die Herkunft der Bestechungssummen. Sie stammten nämlich nicht aus den akkurat geführten Kassen des sparsamen Königreichs Preußen, sondern aus dem Vermögen der von Preußen erst vier Jahre zuvor verjagten und enteigneten Welfen, die das Königreich Hannover regiert hatten und nach ihrer Vertreibung in Bayern, dem Land ihrer Bundesgenossen und Kampfgefährten, Zuflucht gefunden hatten, ohne zu ahnen, daß der Bayernkönig sich – mit ihrem Geld! – vom gemeinsamen Gegner bestechen ließ.

Sechzehn Jahre lang bezogen König Ludwig II., der »Roßober« Graf Holnstein und einige weitere Mitwisser die von Bismarck zugesagten Summen aus dem »Welfenfonds«. Dann ertrank der geistesgestörte Bayernkönig im Starnberger See, und damit endeten auch die

Zahlungen aus Berlin, auf die zwei Jahre zuvor noch ein Vorschuß von einer Million Goldmark von Ludwig II. erbettelt und von Bismarck bezahlt worden war. Die Gesamtsumme der dem König und seinem Vermittler zugeflossenen Bestechungsgelder, samt einer nachträglich gezahlten Rate für 1870, machte somit rund 5,5 Millionen Goldmark aus.

Ergänzt man diesen Tatbestand noch durch die Feststellung, daß aufgrund dieses finanziellen Abhängigkeitsverhältnisses des Bayernkönigs die von Bismarck gelenkte Reichs- und preußische Politik in den entscheidenden ersten anderthalb Jahrzehnten, in denen die Weichen gestellt wurden, frei von jeder Einflußnahme aus München blieb, so kann man ermessen, wie es den leitenden Beamten in Berlin und in Bayern zumute war, als sie Mitte März 1892 davon erfuhren, daß einer der Mitwisser, ein Lakai und enger Freund des toten Königs, in Zürich eine Broschüre veröffentlichen wollte, in der das Komplott – und manche andere Peinlichkeit – aufgedeckt werden sollte.

Da man in Berlin nicht wußte, wer in München über die Bestechungsangelegenheit informiert war und wer nicht – der Prinzregent Luitpold, der seit dem Tode Ludwigs II. für dessen ebenfalls geistesgestörten Bruder Otto die Regentschaft führte? der bayerische Ministerpräsident Graf Crailsheim? –, zog man lediglich den Grafen Lerchenfeld ins Vertrauen, Bayerns Gesandten in Berlin. Denn dieser – so steht es in den Geheimakten des Auswärtigen Amtes – sei »von Anfang an in die ganze Angelegenheit eingeweiht« gewesen und hätte »ein eigenes Interesse daran, daß kein Licht in dieses Dunkel falle«.

Graf Lerchenfeld unterrichtete dann den bayerischen Ministerpräsidenten Graf Crailsheim von der aus Zürich drohenden Gefahr, dieser den Prinzregenten, dem er auch – er wußte also Bescheid! – eine Liste der Zahlungen Bismarcks an Ludwig II. zeigte. Wie der Prinzregent die Sache aufgenommen hat, ist unbekannt. Fest steht nur dreierlei:

Die Broschüre erschien nicht; der preußische Gesandte in München meinte dazu in einem Brief vom 30. März 1892 an Graf Holnstein, die bayerische Regierung habe sie aufgekauft, obwohl sie dies bestreite. Bismarck selbst ließ erklären, ihm sei es gleichgültig, ob das Geheimnis publik würde oder nicht.

Zweitens steht fest, daß man in Berlin zunächst vermutet hatte, Prinzregent Luitpold könnte eine Rückzahlung der von seinem toten Neffen dem Welfenvermögen »entnommenen« Millionen, entweder an Preußen oder direkt an den in Gmunden am Traunsee lebenden Sohn und Erben des letzten Königs von Hannover, den Herzog Ernst August von Cumberland, ins Auge fassen. Bald jedoch erkannte man, daß dies nicht der Fall war, und Preußens Gesandter in München vermerkte in seinem Tagebuch, daß die Wittelsbacher »den Gedanken einer Wiedererstattung vorläufig nicht zu erkennen« gegeben hätten. Warum sollten sie dergleichen auch nur in Erwägung ziehen? Die Leistung war erbracht worden. Die Sonderrechte, die sich Bayern bei seiner Unterwerfung, sprich: seinem Eintritt ins Deutsche Reich, hatte bewahren können, waren zwar erheblich – eigene Diplomatie, eigene Eisenbahn, eigene Post mit eigenen Briefmarken, eigene Telegraphie, eigene Münzen, eigene Biersteuer und eigenes, auf den geistesgestörten König Otto vereidigtes Heer, das sich der Preußenkaiser nur im Kriegsfall unterstellen durfte –, aber die Souveränität war dennoch dahin: Man konnte preußische Waren nicht mehr mit Einfuhrzoll belegen, mußte die Preußen ohne Paß und Visum ins Königreich einreisen lassen, konnte nicht einmal verbieten, daß sie sich als Pensionäre am Starnberger oder Tegernsee niederließen und ihre Enkel in das kleideten, was sie bedauerlicherweise als »Sepplhosen« zu bezeichnen wagten.

Außerdem war an eine Rückerstattung der Bestechungsgelder schon deshalb nicht zu denken, weil sie restlos verbaut worden waren – in Schlösser, die zwar (noch) nicht gebraucht wurden, aber die man auch nicht verkaufen konnte.

Die dritte feststehende Tatsache aber war, daß immerhin einer der Beteiligten im März 1892, wenn schon nichts zurückzahlen, so doch zurücktreten mußte: Der »Roßober«, Graf Holnstein, ein sehr robuster und kerngesunder Mann, meldete sich, als die Enthüllungen aus Zürich drohten, zunächst krank und nahm bald darauf seinen Abschied. Seine letzte Provisionsrate hatte er sich übrigens erst zwei Jahre nach dem Tode Ludwigs II. auszahlen lassen und dies nicht mehr in Berlin, sondern in Bern. Vielleicht hatte er peinliche Fragen der Preußen vermeiden wollen, denn es gab da noch etwas aufzuklären: Am 5. Juni 1886 war ihm in Berlin, ausweislich der geheimen Akten der Reichskanzlei, ein Betrag von 250 000 Mark ausbezahlt worden, den er seinem königlichen Herrn aushändigen sollte. Doch der hatte das Geld nicht erhalten, war vielmehr wenige Tage später im Starnberger See ertrunken.

Natürlich geschah dem Grafen nichts, war er doch ein »Großkopfeter«, wie man in Bayern sagt, zudem von königlich bayerischem Geblüt, einer der unzähligen Nachkommen des mit über vierzig anerkannten illegitimen Sprößlingen gesegneten Bayernkurfürsten Karl Albrecht. Einem solchen Manne, der noch dazu erblicher Reichsrat der Krone Bayerns war, konnte und wollte man in München nichts anhaben, zumal fast jeder, der darüber zu befinden gehabt hätte, vom Prinzregenten abwärts, mit dem »Roßober« verwandt oder verschwägert war.

So war denn, infolge der »großartigen Schmiererei«, der friedlichen Invasion des Bayernlandes durch Norddeutsche fortan Tür und Tor geöffnet, was die Abneigung, die das Volk gegen die Preußen hegte, nur noch steigerte. Es gehörte bald zur Routine aller bayerischen

Kommunal- und Landespolitiker, bei jeder sich bietenden Gelegenheit gegen die »Überfremdung« der wunderschönen Heimat zu wettern, wobei es völlig gleichgültig war, woher und in welcher Anzahl die Landfremden kamen – jeder einzelne war zuviel!

Heute weist die amtliche Statistik knapp 700 000 in Bayern ansässige Ausländer auf, aber das ist noch längst nicht die ganze schreckliche Wahrheit! Diese offizielle Zahl bezieht sich ja nur auf Personen nichtdeutscher Staatsangehörigkeit, die mit Erlaubnis der bayerischen Behörden ihren dauernden Aufenthalt im Freistaat genommen haben. Nicht enthalten sind darin alle diejenigen, die sich in den letzten fünfzig Jahren auf die eine oder andere Weise nach Bayern eingeschlichen haben: Da gab es zunächst, noch während des Zweiten Weltkrieges, eine auf etwa 250 000 Personen zu schätzende Einwanderung meist recht wohlhabender »Preußen« aus allen Teilen Nord- und Westdeutschlands, die einesteils den nächtlichen Bombenangriffen entgehen, andernteils ihre Lebensmittelversorgung in idyllischer Umgebung verbessern wollten. Als nächste kamen, zumeist fast mittellos und abgehärmt, gewaltige Ströme von Flüchtlingen und Heimatvertriebenen – aus Böhmen, Mähren und Schlesien, auch aus Ostpreußen und dem »Warthegau«, etliche aus Siebenbürgen, dem Banat und anderen fernen Siedlungsgebieten deutscher Zunge, insgesamt etwa 2,5 Millionen Menschen, dazu eine erkleckliche Anzahl, mindestens 750 000, Nichtdeutsche, denen in Estland oder Lettland, in der Ukraine oder Weißrußland, in Rumänien, auf der Krim, in Ungarn oder Jugoslawien der Boden zu heiß oder das Regime zu rot geworden war.

Damit nicht genug, waren im April 1945 die amerikanische und Teile der französischen Armee in Bayern eingefallen! Niemand konnte ahnen, daß die Amerikaner nicht nur für ein paar Wochen oder Monate, sondern nun schon fast ein halbes Jahrhundert lang in Bayern bleiben und sich in München und Garmisch, in Bad Tölz und am Chiemsee häuslich einrichten, ja die einst bayerische Kolonie Rheinpfalz zu ihrem 51. Bundesstaat machen würden! Heute gibt es in Bayern nicht nur Enkel, sondern sogar schon Urenkel der ersten GIs, schwarze und weiße, und sie sprechen ein schönes, reines Boarisch, ganz im Gegensatz zu einer weiteren Gruppe von Einwanderern, mindestens 150 000, die Bayern Ende der vierziger Jahre überflutete: den Berlinern. Dieser Schlag traf Bayern, zumal den Großraum München, am schmerzlichsten. Ausgerechnet die allem Preußentum zutiefst abholde bayerische Landeshauptstadt München mußte das Ziel der Invasion von der Spree werden! Da hatte man es schon zur Zeit der Hohenzollernkaiser vermieden, eine Straße oder gar einen bedeutenden Platz nach irgend etwas Preußischem zu benennen. Es gab (und gibt bis heute) keine Bismarckstraße, keine Kaiser-Wilhelm-Allee, keinen Moltkeplatz (und bei der Hohenzollernstraße in Schwabing bleibt zumindest offen, ob damit die Preußenkönige gemeint sind oder, was wahrscheinlicher ist, die gutkatholischen Sigmaringer). In der Feldherrenhalle am Odeonsplatz haben nur die beiden einzigen bayerischen Feldherren ihr Standbild – der aus dem fernen Brabant stammende Tilly, der mal in spanischen, mal in ungarischen Diensten stand, und der vom Schlachtenglück gemiedene Wrede, der aus Heidelberg gebürtig war. Das einzige Kaiserdenkmal Münchens ist das jenes Wittelsbachers, der als Ludwig der Bayer im 14. Jahrhundert ein sehr bewegtes Monarchenleben führte, wiederholt abgesetzt und gebannt wurde und Schwiegervater der blitzgescheiten Margarete Maultasch war, der von Lion Feuchtwanger literarisch verewigten letzten Herzogin von Tirol und Kärnten.

Doch auch diese deutlichen Bekundungen tiefer Abneigung gegen alles Preußische haben die Isarmetropole nicht davor bewahrt, das beliebteste Ziel der Abwanderer aus Berlin zu werden, die in der kriegszerstörten, geteilten und als Insel in der »Zone« liegenden einstigen Reichshauptstadt keine Zukunft mehr sahen. Die Invasion, die mit der Verlegung des Hauptsitzes der Siemens AG nach München ihren Höhepunkt erreichte, ärgerte die Bayern ganz besonders, weil die Damen und Herren von der Spree nicht nur in sehr flottem Schriftdeutsch ständig versicherten, daß sie alles besser wüßten und könnten, sondern dies auch leider meist die Wahrheit war. Doch auch damit noch immer nicht genug, kamen seit Mitte der fünfziger Jahre immer mehr ausländische Arbeitskräfte und deren Familienangehörige in den weißblauen Freistaat, insgesamt rund 700 000, zumeist, wie schon zu römischen Zeiten, aus allen Ländern des Mittelmeerraums, dann auch aus noch weiter entfernten Ländern Afrikas und Asiens.

Weitere rund 150 000 Ausländer, teils aus so exotischen Gegenden wie Bangladesh, Sri Lanka oder Haiti, teils aus Polen und Rumänien, teils aber auch aus von Arbeitslosigkeit hart betroffenen Großstädten der Europäischen Gemeinschaft wie Liverpool oder Basse-Terre, halten sich ohne behördliche Genehmigung in Bayern auf und dessen Gastronomie, die ohne sie untergehen würde, über Wasser.

So gehört es längst zu den Dingen, die niemanden mehr überraschen, daß selbst die Postwirtschaft in Hintertupfing, der Bräuwirt in Kleindingharting und die Pension Waldfrieden am Saurüsselkogel bei Ruhpolding fleißige Pakistani in der Küche, rothaarige Irinnen aus Liverpool als Bedienung und eine schwarze Mamma aus Guadeloupe am Zapfhahn beschäftigen.

Addiert man nun die einzelnen Kategorien von Landfremden, die seit 1940 ins Bayernland eingedrungen sind und sich dort niedergelassen haben, gleich ob aus Charlottenburg, Chemnitz, Castrop-Rauxel, Carrick-on-Suir, Carrión de los Condes, Cincinnati, Częstochówa, Chavakachcheri oder Czernowitz stammend, so kommt man auf etwa viereinhalb Millionen Menschen!

Indessen gibt es eine noch weit größere Anzahl von nichtbayerischen Deutschen und Nichtdeutschen, die zwar als einzelne nur vorübergehend, als Gruppe aber permanent in Bayern vorhanden sind. Dies aber führt zwangsläufig zu der Frage, ob es denn, bei insgesamt nur knapp elf Millionen Einwohnern des Freistaats, von denen die meisten ohnehin Franken, Schwaben oder Oberpfälzer sind, überhaupt noch Bayern dort gibt? Darauf eine eindeutige Antwort zu geben, ist unmöglich. Gewiß findet man hie und da noch »richtige« Bayern, wenngleich sie eine bescheidene Minderheit darstellen. Doch alle äußeren Merkmale können auch trügen, da sich gerade die temporären Zuwanderer, sobald sie die Donau in südlicher Richtung überschritten haben, manche aber auch schon in Aschaffenburg, zu verkleiden pflegen. Die Damen legen an, was sie für Tegernseer Dirndl halten, die Herren hüllen sich in dunkelgrünes Loden und setzen Hüte auf, die sie daheim in Leverkusen oder Neuß nicht einmal im Karneval zu tragen wagten.

Andererseits sind »richtige« Bayern häufig gar nicht zu erkennen: Ein Zahnarzt in Bad Tölz, der seine Ahnenreihe lückenlos zurückführen kann auf einen Pater des 733 von Bonifatius geweihten Klosters Benediktbeuren, legt während seiner Sprechstunden gewöhnlich sein Tölzer »Gwand« ab und einen weißen Kittel an, und die unter dem Künstlernamen Madeleine Minou, bürgerlich: Kreszenzia Rattenhuber, in einem Landshuter Etablissement auftretende Striptease-Tänzerin würde sich schwertun, bei der Arbeit ihr Loisachtaler Dirndl von daheim zu tragen. Umgekehrt sind die absolut echten, maßgeschneiderten und mit viel kostbarem Zierrat versehenen Tegernseer Trachten, die auf der Rottach-Egerner Seestraße an gewöhnlichen Werktagen zwischen 10 und 18 Uhr vorgeführt werden, mit an Sicherheit grenzender Wahrscheinlichkeit nur ein Beweis dafür, daß die sie tragenden Damen und Herren keine Bayern, schon gar keine »richtigen« sind. Vielmehr gehören diese zu jener größten Invasionsflut, die Bayern überschwemmt hat und von kaum einer Ebbe unterbrochen wird. Diese Flut beginnt in der Woche vor Weihnachten, wird zur Springflut bis zum Dreikönigstag, hält leicht gemildert an bis nach Ostern, scheint dann abzulaufen, setzt aber in der ersten Juniwoche wieder mit Macht ein, steigert sich zur Sturmflut, die bis in den Oktober hinein anhält und läßt dann nach. Nur der November und die ersten beiden Dezemberwochen lassen bei Niedrigwasser eilige Reparaturen des angerichteten Schadens zu.

Alle diese lästigen Fremden, die samt und sonders als »Preußen« verabscheut und nur geduldet werden, weil das Land sie, gleich den Milchkühen, durch regelmäßiges Abmelken vom Inhalt ihrer Beutel befreit, treibt die Sturmflut nicht nur ins bayerische Oberland, wo es längst weit mehr Landfremde als Einheimische gibt (wobei wir natürlich Herrn Kemal Cüsür in Otterfing, Sergeant William T. Remington in Reichersbeuren und Signore Antonio Vespucci in Mittenwald zu den längst heimisch gewordenen Landeskindern zählen). Vielmehr dringen die Fremden in immer größeren Scharen bis in die letzten Winkel Bayerns vor.

Sie stellen eine erdrückende Übermacht dar, und daran ändert auch die Tatsache nichts, daß sie, sobald sie bayerischen Boden betreten haben, sofort sacht, aber gründlich enteignet und dadurch weitgehend unschädlich gemacht werden. Denn den dann Abreisenden folgen unverzüglich neue Scharen.

Anfangs, noch zu den Zeiten des guten, von Dunkelmännern gemeuchelten König Ludwig, kamen nur wenige, meist sehr vornehme Besucher auf einige Sommerwochen zur Erholung in einige auserwählte Orte nahe den Bergen. Doch schon seit einigen Jahrzehnten strömen Menschen jedweden Standes und aus aller Herren Länder in sämtliche Dörfer und Städtchen des kleinen

Landes. Sie suchen die abgelegensten Winkel auf, scheuen auch vor Mautschranken an fast unbefahrbaren Forstwegen nicht zurück, parken ihre Wohnmobile auf einsamen Hochalmen und in malerischen Schluchten und reizen den griechischen Wirt von der »Alten Post« in Lammharting bis aufs Blut, indem sie Maßkrüge für ihren aus den Niederlanden mitgebrachten Himbeersaft sowie Leitungswasser zu dessen Verdünnung fordern. Sie verschonen keine der bayerischen Kultstätten ersten Ranges, weder die Gnadenkapelle der wundertätigen Schwarzen Madonna zu Altötting, wo, neben anderen Kleinodien, die Herzen bayerischer Fürsten in silbernen Kapseln aufbewahrt sind, noch die Quellen des Heiligen Quirin am Westufer des Tegernsees, wo feines Bergöl aus dem Leichnam des im Felsengrab liegenden Missionars fließt, das gegen Verstopfung und Ohrenschmerz gleichermaßen hilft, ja an Heilkraft sogar das bewährte Murmeltierfett übertrifft.

Auch die Kultstätten der Landeshauptstadt werden von diesen wie einst die Hunnen ins Land einfallenden Fremden in Massen heimgesucht. Sie überfüllen das Hofbräuhaus und den »Wies'n« genannten Oktoberfestplatz, machen den Stachus zum verkehrsreichsten Platz Europas und umlagern die Stände am Viktualienmarkt.

Was diesen schönen Markt betrifft, der wie das Glokkenspiel des Rathauses am nahen Marienplatz zum festen Bestandteil des Besichtigungsprogramms jeder Reisegruppe gehört, so soll dort eine der Damen, die eine bunte Vielfalt von Landesprodukten feilbieten – daneben auch allerlei Fremdländisches wie Mozzarella, chinesische Glasnudeln, polnische Schwammerln und neuseeländische Kiwi –, ihrer Meinung, lästige Fremde betreffend, lautstark Ausdruck gegeben und damit ein geflügeltes Wort geprägt haben. Nachdem eine japanische Großfamilie ihren Stand von allen Seiten fotografiert, aber nichts eingekauft hatte, war einer der fernöstlichen Touristen so keck gewesen, ganz dicht heranzutreten und sich über ihre Tomaten, Gurken und Radi zu beugen, um deren Hüterin in Großaufnahme abzulichten. Damit hatte er jedoch, ihrer Meinung nach, die Grenzen des Anstands und guter bajuwarischer Sitten überschritten, und so scheuchte sie ihn hinweg mit einem schrillen:

»Schleich di, Saupreiß, kinesischer!«

Vermutlich trug diese wackere Frau einen gutbayerischen Vornamen, aber womöglich einen eindeutig lettischen Familiennamen, ganz zu schweigen davon, daß sie ohne weiteres eine geborene Türck und Nachkommin einstiger Fezträger vom Mariahilfplatz gewesen sein könnte. Für die Durchsetzungskraft des bayerischen Elements gegenüber millionenfacher Überfremdung läßt das jedenfalls hoffen.

Tegernseer Idylle oder Wo verstecken sich Milliardäre?

Zu Beginn der 1960er Jahre, ich arbeitete für ein großes, redaktionell sehr anspruchsvolles Wochenmagazin, erhielt ich den Auftrag, mich um die Superreichen der Bundesrepublik Deutschland zu kümmern und die Geldgiganten zu ermitteln, die mit ihrem Vermögen alle anderen überragten.

Wie findet man Milliardäre?

Die Frage war und ist nicht einfach zu beantworten. Jedenfalls stehen sie nicht im Branchentelefonbuch unter M und häufig nicht einmal in gewöhnlichen Fernsprechteilnehmer-Verzeichnissen unter ihrem jeweiligen Familiennamen.

Geldgiganten – das hatte ich schon vorher geahnt und fand meine Vermutungen dann voll und ganz bestätigt – sind nicht nur publicity-, sondern auch handscheu. Sie meiden Berührungen mit Leuten, die nicht mindestens annähernd so reich sind wie sie, und sie wollen weder besucht noch angerufen, weder mit Briefen belästigt noch von Telegrammen erreicht werden. Sie vermuten nämlich – und meist nicht zu Unrecht –, daß jeder Fremde doch nur eines von ihnen will: Geld! Und da sie Bettler in jedweder Verkleidung verabscheuen, sich auch nicht von noch so winzigen Bruchteilen ihres Reichtums jemals freiwillig trennen wollen, halten sie sich eben so gut wie irgend möglich versteckt.

Wo?

Das war – und ist noch immer – eine nicht so einfach zu beantwortende Frage, doch kann man durch langes Nachdenken und logische Folgerungen der Beantwortung näherkommen. Ich sagte mir damals, daß auch

Geldgiganten aller Wahrscheinlichkeit nach, trotz ihrer sprichwörtlichen Anspruchslosigkeit, lieber in angenehmer Umgebung als etwa in baufälligen Mietskasernen hart am Bahndamm, unter der Ruß- und Dunstglocke der Industriereviere, in Wellblechbaracken dicht neben den städtischen Mülldeponien oder in zivilisationsfernen Dörfern leben, ohne Kanalisation und mit dampfenden, fliegenumsummten Misthaufen vor den Wohnküchen- und Schlafzimmerfenstern.

Ihrem Ideal am nächsten, so stand zu vermuten, kämen gut abgeschirmte, sehr geräumige Grundstücke in idyllischer Umgebung, fern jeder Industrie sowie allen Lärms und Schmutzes, aber natürlich mit allem Komfort der Neuzeit, wo sie sich ein – zumindest äußerlich – schlichtes, unauffälliges, der Landschaft angepaßtes Haus errichten lassen konnten, nicht befürchten mußten, von Nachbarn, womöglich sogar von Spaziergängern beobachtet oder gar belästigt zu werden, und wo genügend Platz war für Sicherheits- und Arbeitskräfte zur Bewachung und Pflege von Haus, Park und der eigenen Person.

Reine Luft, klares Wasser, saftige Wiesen und unberührter Wald, wildreiche Jagdreviere sowie Möglichkeiten, Golf zu spielen, Reitpferde zu halten, sich von einer schnittigen Jacht auf sanften Wellen schaukeln zu lassen, waren – und sind – weitere unabdingbare Voraussetzungen.

Schließlich, so nahm ich aus Gründen an, die mit den Erfahrungen der ersten Nachkriegszeit zusammenhingen, würden die Geldgiganten zwar einerseits in bequemer Nähe einer Weltstadt nicht weit von einem internationalen Flughafen, vom Intercity-Netz und von dem der Autobahn entfernt wohnen, doch andererseits von alledem nichts spüren, sondern absolute Ruhe haben wollen, außerdem einen, sagen wir: Hinter- oder Notausgang benötigen. Im Klartext: Der Geldgigant würde, wenn wieder einmal fremde Soldaten Ausschau nach ihm hielten, weil sein Name auf irgendeiner Liste stände, die Verächter gewaltiger Vermögen angelegt hätten, um ihn, falls sie ihn faßten, Monate oder gar viele Jahre lang noch genügsamer leben zu lassen, als er es ohnehin gewohnt war, gerne rechtzeitig verschwinden und den Staub des Landes, in – und an – dem er so viel Geld verdient hat, von seinen maßgefertigten Schuhen schütteln wollen.

Ein solches Plätzchen müßte also dicht an der Grenze zwischen der Bundesrepublik Deutschland und einem neutralen Lande liegen, so daß der Geldgigant imstande wäre, das Gebiet der Vertragsstaaten der Nordatlantikpakt-Organisation rasch zu verlassen – mit dem Hubschrauber, dem Auto oder notfalls sogar mit dem Fahrrad oder zu Fuß.

Durch alle diese Bedingungen ist die Wahl des Terrains natürlich schon sehr stark eingeschränkt. Gerade die letzte Voraussetzung – Grenznähe zu Österreich oder der Schweiz – beschränkt die Wohnmöglichkeiten der Geldgiganten bereits auf einen wenige Kilometer breiten Streifen im äußersten Süden des Bundesgebiets; Weltstadtnähe und die anderen erwähnten Bedingungen verringern die Auswahl noch weiter. Am Ende bleiben nur einige wenige Voralpentäler übrig, die in das Umfeld des Tegernsees gehören. Dort findet man alles, was ein Geldgigant benötigen könnte: Grenz- und Weltstadtnähe, das Fehlen fast jeglicher Industrie, luxuriöse Gelegenheiten, Golf zu spielen, zu reiten oder zu segeln, idyllische Ruhe und exorbitante Grundstückspreise.

Nur eine Einschränkung ist zu machen: Das Tegernseer Tal ist ein ungemein beliebtes Ausflugsziel und ein nicht minder populäres Sommer- und Winterferienparadies. Könnte das, so überlegte ich, die Geldgiganten nicht abschrecken? Oder war es denkbar, daß sie just die Kulisse der Reisebüro-Vertragspensionen, Nobelhotels, Bergbahnen, Skilifte und den regen Durchgangsverkehr vom und zum Achenpaß als eine nützliche Tarnung ansahen, auch die Menschenmassen, die sich, zumal am Wochenende, über die Hauptstraßen und Seepromenaden von Gmund, Bad Wiessee, Tegernsee und Rottach-Egern wälzen? (»Man braucht sich ja nicht unters Volk zu mischen; mein Grundstück ist nur über Privatwege zu erreichen, und den Touristen-Klamauk kenne ich nur vom Hörensagen...«)

Ich beschloß damals, einfach mal die Probe aufs Exempel zu machen, an den Tegernsee zu fahren und nachzuschauen, ob und welche Geldgiganten sich dort angesiedelt hätten.

Ich nahm Quartier in einer mir zusagenden Pension mit Blick über grüne Wiesen und nahe Wälder, und am Morgen nach meiner Ankunft begann ich bereits beim Frühstück auf der sonnigen Terrasse mit den Recherchen, und zwar mit dem Nächstliegenden, dem örtlichen Telefonbuch.

Das »Örtliche Fernsprechteilnehmerverzeichnis für Bad Tölz, Holzkirchen, Miesbach, Schliersee, das Tegernseer Tal und Umgebung« umfaßte damals und umfaßt noch heute nur knapp vierhundert Seiten im Kleinformat. Aber eine ganze Reihe von Ortsnetzen, zum Beispiel das von Holzkirchen oder der Kreisstadt Miesbach, der früheren Bergarbeitergemeinde Hausham oder von Weyarn, konnten – und können noch heute – außer Betracht bleiben. Für meine Untersuchung kamen vornehmlich die im Zollgrenzgebiet liegenden Tegernseer Talgemeinden sowie die benachbarten Ortsnetze von Schliersee und Bad Tölz in Frage.

Das erste, was mir ins Auge sprang, war der ungewöhnlich hohe Anteil von Trägern adliger und sogar hocharistokratischer Namen. Dieser Umstand stimmte mich optimistisch, zeigte er doch deutlich, daß ich mich auf der richtigen Fährte befand. Denn feudale Nachbarschaft, das wußte ich bereits von einem Häusermakler, wird von den Geldgiganten nicht bloß geschätzt; sie ist geradezu eine Grundbedingung ihrer Ansiedlung.

Rund um den Tegernsee fand ich diese unabdingbare

Voraussetzung vorbildlich erfüllt, denn es standen in diesem Revier, wie aus dem Telefonbüchlein ersichtlich, ganze Rudel von aristokratischem Hochwild, darunter acht königliche Hoheiten, mehrere Fürsten und Fürstinnen, Prinzen und Prinzessinnen, von Grafen und Gräfinnen ganz zu schweigen!

Mit allen diesen und einigen hundert weiteren Familien von nicht ganz so hohem Adel sowie mit Dutzenden von Vertretern der pensionierten Generalität und einer kriegsstarken Kompanie von Obristen im Ruhestand glich das Telefonbuch von Tegernsee und Umgebung auf weite Strecken einem kombinierten Auszug aus dem »Gotha« und der oberen Heeresrangliste.

Diese Zusammenballung leicht angestaubter Prominenz wies deutlich auf die Nähe von Geldgiganten hin, ohne daß ich eines der Gesuchten oder auch nur seines Eintrags im Telefonbuch schon ansichtig geworden wäre. Dieses so edle und scheue Wild wußte sich nämlich – und weiß sich noch heute – äußerst geschickt zu verbergen.

Wie?

Nun, genau nach dem Vorbild des auch in manch anderer Hinsicht für Geldgiganten richtungweisenden Hochadels!

Wenn man im Telefonverzeichnis von Tegernsee und Umgebung den damals dort lebenden Herzog Luitpold in (nicht von) Bayern finden wollte, so hielt man unter B wie Bayern ebenso vergeblich Ausschau wie unter W wie Wittelsbach, L wie Luitpold oder auch S wie Seine Königliche Hoheit. Erst wenn man sich dazu entschloß, unter Sch wie Schloß zu forschen, fand man die gesuchte Eintragung »Schloß Ringberg« und dahinter sogar den erlauchten Namen seines Bewohners.

Es war also ganz leicht!

Man mußte nur wissen, daß alles Sinnen und Trachten des Herzogs um seine herrlich gelegene Residenz hoch über dem Tegernsee kreiste, deren bauliche Perfektion er fast ein halbes Jahrhundert lang durch Errichtung immer neuer Türme und Türmchen betrieb. Dann kam man gar nicht auf den Gedanken, den Herzog unter seinem Familiennamen zu suchen.

Bei dem damals noch lebenden Vetter des Ringberg-Schloßherrn, dem noch um vieles reicheren Herzog Ludwig Wilhelm in Bayern, Chef der Wittelsbacher Nebenlinie, war die Sache ein bißchen komplizierter. Zwar machte es keine Schwierigkeiten, die richtige Telefonnummer zu finden, wenn man bei Seiner Königlichen Hoheit zwei Kästen Flaschenbier der Marke »Blauer Page« oder ein Doppelzimmer mit Bad bestellen wollte. Im ersten Fall suchte man natürlich nicht unter B wie Bayern (oder Bier), sondern unter H wie Herzog. Dann fand (und findet) man im Bereich der Stadt Tegernsee die Herzogliche Hauptverwaltung nebst Brauerei (außerdem damals noch manches andere, etwa die Omnia-Garage, die Ökonomie Bauer in der Au, die Forstverwaltung oder das Mustergut Kaltenbrunn, wogegen die zahlreichen großen und kleinen Gasthäuser, die der herzoglichen Brauerei angegliedert waren und sind, unter den Namen der Pächter oder des Hauses registriert sind).

Im Fall der Bettenreservierung wandte man sich seinerzeit vertrauensvoll an das im Ortsverzeichnis der Gemeinde Kreuth gleich dreimal, nämlich unter K wie Kurhaus, S wie Sanatorium und W wie Wildbad eingetragene herzoglich bayerische Kurhotel, wo inzwischen die äußerst CSU-nahe Hanns-Seidel-Stiftung domiziliert – weswegen man heutzutage dort nur ein Doppelzimmer bestellen kann, wenn man einer Generals-Junta angehört, einen Lehrstuhl für abendländische Rundum-Verteidigung innehat oder zu den Kolumbus-Rittern zählt, die das äußerste rechte Spektrum in den USA abdecken.

Was aber suchte man im Telefonbuch, wenn man den damaligen Besitzer von Wildbad, Brauerei und noch weit Wertvollerem anrufen wollte? Unter welchem

Buchstaben konnte man seinen Eintrag finden? Vielleicht unter A wie Allerhöchstselbst? Oder unter K wie Königliche Hoheit?

Mitnichten! So einfach war und ist die Sache nicht. Nur wer wußte (oder weiß), daß der greise Herzog (wie heute sein Erbe aus der königlichen Linie des Hauses Wittelsbach) in einem schönen Anwesen namens »Schanz« residierte, konnte dieses (und damit auch ihn) unter Sch eingetragen finden (wogegen sein Erbe nunmehr unter H wie Herzog Max in Bayern, mit zwei Telefonnummern, Schanz und Wildbad Kreuth, eingetragen ist).

Ganz ähnlich war es (und ist es noch immer) mit den bundesdeutschen Geldgiganten. Selbst wenn man wußte, daß sie irgendwo im Tegernseer Tal ihre Residenz hatten, suchte man vergeblich die Adresse und Anschlußnummer unter dem jeweiligen Familiennamen im Telefonbuch.

Forschte man beispielsweise, wie ich es damals tat, nach dem Konzernherrn Rudolf August Oetker, so konnte man lange und vergeblich die einzelnen Ortsnetze unter dem Buchstaben O absuchen. Nur wenn man wußte, daß das Alpensanatorium in Bad Wiessee (wie Brenner's Parkhotel in Baden-Baden) nicht nur zur Oetker-Gruppe gehört, sondern auch zu den bevorzugten Wohnsitzen ihrer Eigentümer zählt, vermochte man die Erben der Backpulver-Dynastie aufzuspüren, denen der einzige promovierte Konzern unseres Landes zu eigen ist: Dr. Oetker.

Kruppsche Latifundien im Tegernseer Tal, die es damals noch gab, standen natürlich auch nicht unter K im Telefonbuch, sondern unter B wie Bohlen und Halbach sowie unter G wie Gutenreuth, wo Arndt v. Bohlen und Halbach zeitweise lebte.

Eine andere Schwerindustriellen-Familie aus dem Ruhrgebiet war, wie ich wußte, ebenfalls am Tegernsee vertreten. Aber wo? Die Erbin von Fritz und Amélie

Thyssen, Anna, genannt Anita, geschiedene Gräfin Zichy zu Zich und Vásonykeö, Mutter der Konzernerben, Playboys und Grafen Claudio und Federico de Zichy, stand im Telefonbuch weder unter Z wie Zichy noch unter V wie Vásonykeö, auch nicht unter T wie Thyssen oder G wie Gräfin. Hingegen fand sich unter T eine »Thyssen Gesellschaft für Beteiligungen GmbH«, die sich den Luxus eines äußerlich allenfalls als stattlich und geräumig zu bezeichnenden Gästehauses leistete, das aber im Innern sehr kostbar eingerichtet war: Es gab dort signierte Möbel des berühmten Rokoko-Tischlers Röntgen, Gemälde von Rubens, Fragonard und Ruisdael und so viele weitere Preziosen, Teppiche und Antiquitäten, daß jedem Versicherungsagenten das Wasser im Munde zusammengelaufen wäre. Und natürlich konnte man dort auch, umgeben von zahlreichen putzigen Hunden, eine ältere Dame mit Namen Anita Gräfin Zichy finden, wobei es der Phantasie des Besuchers überlassen blieb, nun entweder zu glauben, die Gräfin sei ein geschätzter Gast ihrer Unternehmensgruppe oder aber die geeignetste, weil vertrauenswürdigste und repräsentativste Gastgeberin, die der Thyssen-Konzern finden konnte.

Die Beispiele dafür, daß das Aufspüren von Geldgiganten im Tegernseer Tal damals wie heute beträchtliche Phantasie, gute Kombinationsgabe und ein unerhört gründliches Quellenstudium erfordert hat (und noch erfordert), lassen sich beliebig fortsetzen:

Wer konnte beispielsweise damals ahnen, daß sich hinter dem schlichten Eintrag »J. H. Benecke, Werinherstraße 6« im Fernsprechteilnehmerverzeichnis des Ortsnetzes Rottach-Egern ebenfalls eine Art »Gästehaus« verbarg, noch dazu das eines sehr bedeutenden, altehrwürdigen Unternehmens, nämlich der Firma J. H. Benecke in Vinnhorst bei Hannover, die mit ihrem Chemiefaser-Produkt »Acella« schon damals Hunderte von Millionen Mark Umsatz machte?

Wer konnte annehmen, daß der Eintrag »Gutsverwaltung Schwärzenbach, Haus Nr. 1« im Ortsnetz Tegernsee zugleich den privaten Fernsprechanschluß des nicht sehr kontaktfreudigen Generalkonsuls a. D. Dr. Carl Underberg darstellte und daß der Schwärzenbach-Gutsherr – allerdings in Rheinberg am Niederrhein – zu den erfolgreichsten Magenbitter-Produzenten der Welt gehörte?

Nun, Schwärzenbach hat inzwischen den Eigentümer gewechselt, doch ein anderer Eintrag, den ich damals im Ortsnetz Rottach-Egern fand, hat noch immer seine Gültigkeit. Er lautet schlicht »M. Monheim«, wobei es sich um eine Erbengemeinschaft handelt, die in ganz anderer Gegend, nämlich in Aachen, ein Familienunternehmen betreibt, das mit Marken wie »Trumpf«, »Lindt & Sprüngli«, »Mauxion« und anderen den Schokoladenmarkt weitgehend beherrscht.

Welcher Normalverbraucher – selbst wenn er die Frage: »Birkeln Sie auch?« mit einem stolzen Ja beantworten kann – vermochte (und vermag noch heute) auf den ersten Blick zu erkennen, daß der Eintrag »Birkel, Karl Ch.« im Telefonverzeichnis von Rottach-Egern der des geschäftsführenden Gesellschafters eines der größten Eiernudel-Konzerne war (und ist) ?

Um auf den Beginn meiner Recherchen vor mehr als fünfundzwanzig Jahren zurückzukommen: Nachdem ich bereits am ersten Vormittag meines Tegernseer Aufenthalts in sehr reichem Maße fündig geworden war, erreichte mich ein Telegramm meiner Redaktion, das mich auf eine Reportage in einer Zeitschrift hinwies. Deren Name soll aus purer kollegialer Höflichkeit verschwiegen werden, denn ihr Bericht, den ich mir sogleich verschaffte, enthielt neben rührenden Details aus dem, ach, so bescheidenen Leben steinreicher Leute und ihrer Sprößlinge, auch etliche absolut falsche Angaben, so daß eine Bloßstellung für die Redaktion und die Autorin vielleicht noch heute peinlich wäre.

Immerhin konnte ich besagter Reportage einiges entnehmen: Es sollte sich bei den Helden der Geschichte um »die reichsten Kinder Deutschlands« handeln; ihr Vater, hieß es, wäre »reicher als alle Väter Deutschlands«, und er besäße, neben einer Bank in und Gütern um München herum, auch ein wunderschönes Landhaus am Tegernsee . . . !

Wer mochte dieser Geldgigant sein? Wie war er mir bislang entgangen?

Hatte ich beim Angeln am Tegernsee über lauter kleinen Fischen und einigen bemoosten Karpfen den gewaltigsten Hecht übersehen?

Um es vorwegzunehmen (und gleichzeitig zu zeigen, wie mühselig es war und ist, wirkliche Geldgiganten aufzuspüren): Der in der Zeitschrift mehrfach genannte Name des angeblich reichsten Mannes der Bundesrepublik Deutschland war zunächst einmal falsch. Einen Superreichen des angegebenen Namens gab es und gibt es nicht! Auch fand sich im ganzen Bericht nicht der kleinste Hinweis, daß man – wohl aus Rücksicht auf den Krösus – den wirklichen Namen ein wenig verändert hatte.

Andererseits war der beschriebene Geldgigant durchaus existent, desgleichen seine Ehefrau, seine Kinder, seine Bank, seine Güter und auch das Landhaus, das seine Familie mitunter bewohnte. Die Fotos zeigten es deutlich, wenngleich nicht zu erkennen war, wo es lag. Die Reportage enthielt auch einen Hinweis auf die Größe des Privatvermögens dieses angeblich Allerreichsten, ein bißchen verschlüsselt zwar, aber so leicht zu enträtseln, daß ich mich fragte, was ein so durchsichtiger Schleier eigentlich sollte. Es hieß da im Text: » . . . allein sein Privatvermögen ist so groß, als hätte dieser Bankier die letzten sechzehn Jahre hindurch allwöchentlich den Haupttreffer im Lotto erzielt . . . !«

Nun betrug damals der höchstmögliche Einzelgewinn beim Lotto nur fünfhunderttausend DMark. Allwöchentlicher Höchstgewinn ergab 26 Millionen im Jahr, in sechzehn Jahren also 416 Millionen DM (wobei ich getrost annehmen konnte, daß die Verfasserin des Berichts an Zins und Zinseszins nicht gedacht hatte).

Rund 400 Millionen Mark – das war damals gewiß ein sehr stattlicher Reichtum, doch mit den Milliardenvermögen etlicher Geldgiganten, die ich schon kannte, konnte er sich nicht messen! Und auch der Zusatz, daß es sich dabei um »allein das Privatvermögen« handeln sollte, konnte mich nicht trösten. Denn Privatbankiers pflegen, da nur wenige Kunden bereit sind, ihr Geld einer Gesellschaft mit beschränkter Haftung anzuvertrauen, im allgemeinen mit ihrem gesamten Vermögen zu haften, so daß zwischen ihrem privaten und geschäftlichen Reichtum kein Unterschied besteht. Ist der Bankier aber nur Kommanditist einer Privatbank, so spielt seine Einlage gegenüber einem Privatvermögen von 400 Millionen DM keine große Rolle, denn es handelt sich dann meist nur um einige hunderttausend, höchstens ein paar Millionen Mark ...

Nachdem ich mich schon so intensiv mit dem erfundenen Krösus beschäftigt hatte, wollte ich nun doch wissen, wer sich hinter dem Pseudonym verbarg. In dem Bericht war mehrfach von »Gütern in der Nähe von München« die Rede gewesen, was bedeutete, daß es sich um sehr wertvolle Immobilien handeln konnte. Dies wiederum ließ an eine Möglichkeit der Berechnung denken, die es gleichzeitig gestattete, das Privatvermögen mit nur rund 400 Millionen DM anzugeben, aber auch zu behaupten, es handelte sich um den »reichsten Mann Deutschlands«, indem man nämlich einmal die sehr niedrigen steuerlichen Einheitswerte der Immobilien zugrunde legte, zum anderen aber an die gewaltigen Verkehrswerte dachte, das heißt an die Preise, die man verlangen könnte, wenn jemand die Grundstücke, die man besaß und so bescheiden versteuerte, unbedingt haben wollte. In einem solchen Fall hätte der vierhundertfache Millionär zugleich ein mehrfacher DM-Milliardär sein können – ersteres in aller Bescheidenheit für das Finanzamt und die neugierige Öffentlichkeit, letzteres, wenn es galt, den eigenen realen Status zu ermitteln, um sich selbst und andere damit zu beeindrucken. Soweit meine damaligen theoretischen Erwägungen.

In der Praxis gab es in München zwar eine ganze Reihe sehr vermögender Privatbankiers, aber nur einen, der nach der Bedeutung seines Bankhauses und dem Umfang seines stadtnahen Grundbesitzes in Frage kam, und das war August v. Finck in Firma Merck, Finck & Co.

Das angesehene (unlängst verkaufte) Bankhaus war 1870 als sogenannte Kommandite der Darmstädter Bank in München gegründet worden, und zwar unter den Namen der beiden damaligen Teilhaber »Merck, Christian & Co«. Der ungenannte Kompagnon war die mächtige Darmstädter Bank, die Seele des Geschäfts jedoch dessen Prokurist, der damals erst 22jährige Bankkaufmann Wilhelm Finck aus Vilbel in Hessen.

Der junge Finck führte das Münchner Bankhaus sicher durch die kritischen Gründerjahre und machte daraus in kurzer Zeit eines der bedeutendsten Privatbankhäuser des Deutschen Reiches. Außerdem löste er nach und nach alle Beteiligungen der Gründer und Mitinhaber ab, auch die der Darmstädter Bank. Er wurde so Alleininhaber der Firma, die er in Merck, Finck & Co umbenannte, obwohl es weder den Teilhaber Merck noch den unbekannten Kompagnon noch gab. 1897 verwandelte er das Geschäft in eine offene Handelsgesellschaft, worin er allein mit seinem ganzen Vermögen haftete, und in dieser Form bestand die Bank fast ein Jahrhundert lang weiter.

Anzumerken wäre noch, daß dieser Wilhelm v. Finck – er wurde 1905 in den erblichen Adelsstand erhoben und in die Kammer der Reichsräte berufen – maßgeblich beteiligt war an der Gründung der Münchner Rückversicherung (1870) und an der Allianz (1890). Bei beiden Gesellschaften führte er bis zu seinem Tode im Jahre

1924 den Vorsitz im Aufsichtsrat, nahm auch lebhaften Anteil an der Finanzierung der bayerischen Wasserkraftwerke, gründete unter anderem die Isar-Werke, die erste Wasserkraft-Überlandzentrale Deutschlands, war auch bei etlichen anderen industriellen Gründungen dabei, etwa bei der Maschinenfabrik Augsburg-Nürnberg, abgekürzt MAN, und nebenbei noch ein passionierter Landwirt und, wie man sagen könnte, Güter-Sammler.

Vom Vater hatte er die goldene Regel gelernt, ein Vermögen zu je einem Drittel in Aktien, festverzinslichen Wertpapieren und Grundbesitz anzulegen. Auch gehörte es sich für einen vermögenden und zudem geadelten bayerischen Bankier (aus Hessen), mindestens ein repräsentatives Landgut zu besitzen, und schließlich war Wilhelm v. Finck ein überaus sparsamer Mann, der mit seiner Familie lieber auf eigenem Gut die Ferien verbrachte, als sein Geld an Hoteliers zu verschwenden.

Dem immer geldbedürftigen König Ludwig II. verweigerte Finck jeden Kredit, kaufte hingegen zielstrebig Land auf, vorzugsweise bei Zwangsversteigerungen. Bis zu seinem Tode hatte sich sein Grundbesitz im Osten von München fast geschlossen auf die 20 Kilometer lange Strecke von Perlach bis Zorneding ausgedehnt. Dazu kamen Besitzungen im Westen und vor allem im Südwesten der Landeshauptstadt, am Kochel- und Barmsee, auch die große Vereinsalpe bei Mittenwald sowie ausgedehnte Jagdreviere.

Als Wilhelm v. Finck 1924 starb, glaubte die Münchner Geschäftswelt, daß sein Bank-, Versicherungs-, Maschinenbau-, Brauerei- und Immobilien-Imperium nun rasch wieder zerfallen würde. Der zum Nachfolger ausersehene älteste Sohn war 1916 gefallen, übriggeblieben waren zwei ältere Schwestern sowie ein jüngerer Bruder, August, dem niemand große Fähigkeiten zutraute. Doch August, 1898 geboren und beim Tode seines Vaters erst sechsundzwanzig Jahre alt, als nunmehr alleiniger Bank- und Grundherr sowie Nachfolger des Papas in allen Aufsichtsräten zunächst noch unsicher, wurde ohne eigenes Zutun immer reicher. Zwar kümmerte er sich anfangs wenig um die Geschäfte, verkehrte dafür um so mehr in den Münchner Salons und Klubs, aber seine Direktoren führten das Bankhaus sicher durch alle Krisen, und wo sich in Notzeiten Gelegenheiten boten, kauften sie bei Zwangsversteigerungen immer neue Güter für den jungen Herrn auf.

1933 kamen Hitler und seine braune Mannschaft an die Macht, und nun begann auch August v. Finck aktiv zu werden. Er trat der Nazi-Partei bei, mit der er schon vorher sympathisiert hatte, bekam allerlei Ehrenposten, wurde Mitglied des Generalrats der Wirtschaft und des Präsidiums der Akademie für Deutsches Recht.

Er übernahm auch einzigartige Hilfsdienste für den sich gerade erst etablierenden »Führer«. Nachdem ihm dieser gesagt hatte: »Sie sind mein Mann! Sie müssen mir ein Haus der Deutschen Kunst bauen!«, sammelte August v. Finck 11,9 Millionen Reichsmark bei anderen, gab dann auch noch sein Scherflein und deckte damit tatsächlich die Baukosten, die sich auf knapp zwölf Millionen RM beliefen. Zum Dank für diese Hilfe bei der Errichtung dessen, was kunstsinnige Münchner heimlich als »Weißwurst-Tempel« verspotteten, durfte August v. Finck nun kräftig »arisieren«: 1938 übernahm er J. Dreyfus & Co, ein alteingesessenes Bankhaus in Berlin, dann auch die Wiener Rothschild-Bank. Rothschild machte nach dem Krieg keine Restitutionsforderungen geltend, die Klage der Dreyfus-Inhaber wurde von einem bayerischen Gericht abgewiesen. So konnte *Der Spiegel* die Finck-Bilanz bei Kriegsende zusammenfassen in der Feststellung: »Das Münchner und das Berliner Bankgebäude zerstört, das Wiener eingebüßt, das Führer-Foto mit eigenhändiger Widmung vom Klavier abgeräumt – sonst alles gerettet!« Allerdings mußte August v. Finck als stadtbekannter Nazi in der ersten Nachkriegszeit ein Berufsverbot hinnehmen, seine Bankgeschäfte einem Treuhänder überlassen und wurde sogar von den Amerikanern eine Zeitlang eingesperrt. Gegen Ende 1948 sollte er endgültig abgeurteilt werden, doch es geschah ein Wunder: Alle Belastungszeugen rückten von ihren früheren Aussagen ab, der Ankläger selbst zog seinen ursprünglichen Antrag zurück und nahm es hin, daß der Bankier zum bloßen »Mitläufer« erklärt wurde.

(Wie dieses Wunder zustande kam, darüber konnte man dann in der Presse recht konkret nachlesen, von August v. Finck nicht dementiert. Unsummen an Bestechungs- und Schweigegeldern sollen geflossen, gefährliche Zeugen auch genötigt worden sein. Jedenfalls kam der Milliardär, Rothschild-Arisierer und Intimus fast aller Nazi-Größen mit einer lächerlich geringen Buße von nur 1000 DM davon, die er aber nicht bezahlte. Der bayerische Fiskus erließ sie ihm auf seinen Antrag hin, wobei er sich erstaunlicherweise auf eine schmerzhafte Knieverletzung berief.)

Die Folge des milden Spruchkammer-Urteils war, daß August v. Finck sein Bankhaus wieder selbst übernehmen konnte. Der Treuhänder hatte glänzend gewirtschaftet und sogar die Aktiendepots der Berliner Filiale im sowjetischen Sektor vor dem Zugriff der Besatzer gerettet. Doch dafür bekam er keinen Dank, sondern wurde rüde zum Ultimo entlassen.

Nicht zuletzt dieses Verhalten sorgte, nebst allen anderen Umständen, bald dafür, daß sich die Münchner Wirtschaftsführer von dem Krösus distanzierten. Als er bei der Bayerischen Vereinsbank, wo er rund 12 Prozent des Aktienkapitals hielt, den Aufsichtsratsvorsitz für sich reklamierte, hieß es einhellig: »Finck nicht!« Woraufhin v. Finck seine Vereinsbank-Aktien wütend abstieß. Das Beispiel machte Schule: Bei der »Allianz« und der »Münchner Rück«, wo v. Finck je 6 Prozent des Kapitals sein eigen nannte, wurden ihm die angestammten Präsidentensessel ebenfalls verweigert. Schließlich kam es zu einem Vergleich: v. Finck begnügte sich mit dem Vorsitz in den Aufsichtsräten von Allianz-Tochtergesellschaften, tauschte seine Zukäufe an Allianz-Aktien, mit denen er den größten kontinentalen Konzern der Branche in die Knie hatte zwingen wollen, gegen Stahlwerksaktien ein und machte dabei, wie noch zu schildern sein wird, ein glänzendes Geschäft.

Anders als gegenüber der Wirtschaft, konnte der entnazifizierte Bankier seinen Nimbus der bayerischen Staatsregierung gegenüber voll zur Wirkung bringen. Nach dem Alliierten Kontrollratsgesetz Nr. 48 zur Bodenreform, das Siedlungsland für Vertriebene beschaffen und – man nehme es zur Kenntnis und staune! – »die endgültige Ausschaltung des Einflusses der Junker und nazistischen Großgrundbesitzer aus Staatsangelegenheiten« bewirken sollte, war August v. Finck zunächst zur Abgabe von 575 Hektar verpflichtet worden. Seinem Treuhänder war es gelungen, eine Ermäßigung auf 271 Hektar zu erwirken. Der entnazifizierte Finck lief dagegen Sturm, erklärte sich aber schließlich zum Verzicht auf die 271 Hektar bereit, und damit schien der Fall erledigt.

Er war es aber keineswegs. Jahre später stellten die Behörden fest, daß bei der Finckschen Landabgabe in zahlreichen Fällen keine Übertragung im Grundbuch stattgefunden hatte. Anstatt das Versäumnis sofort zu berichtigen, gab der Freistaat dem Krösus weitere 41,4 Hektar Land zurück – »zum Zwecke des endgültigen Abschlusses« des Verfahrens.

Bis 1965 rückten die Behörden weitere rund 70 Hektar heraus, darunter Flächen, die inzwischen Bauland geworden waren und immense Wertsteigerungen erfahren hatten. Damit sollte, so die offizielle Erklärung, der Krösus »vergleichsbereit gestimmt« werden. Denn zu allem Überfluß fühlte sich der Freistaat Bayern verpflichtet, die um ein paar Parzellen gebrachten Großgrundbesitzer dafür finanziell zu entschädigen. Knapp 400 Betroffene wurden mit zusammen rund 72 Millionen DM abgefunden. Der einzige, der sich mit seinem Anteil nicht zufriedengab, war August v. Finck. Er forderte für sich allein, obwohl er sein ursprüngliches Abgabe-Soll zu neunzig Prozent nicht erfüllt hatte, erst 52, dann 34 Millionen DM.

Was er dann tatsächlich erhielt und wieviel er an dieser Bodenreform-Farce verdient hat, läßt sich nur grob schätzen. Experten meinten damals, daß es mehr als 100 Millionen DM gewesen seien. Bei einer einzigen Transaktion überließ ihm der Freistaat an der Peripherie Münchens 45 Hektar zum symbolischen Preis von 1 DM je Quadratmeter. Finck verkaufte dieses Gelände dann an Wohnungsbaugesellschaften, die dort eine Trabantenstadt für rund zehntausend Wohnungssuchende errichteten, für 65 DM je Quadratmeter.

Alles in allem konnte der Bankier mit der Nachkriegs-Bodenreform durchaus zufrieden sein. Es gehörten ihm noch immer mehr als 2000 Hektar (=20 Millionen Quadratmeter) potentielles Bauland in der Umgebung der Landeshauptstadt, die ihrerseits 800 Millionen DM für ein Stück davon bot – natürlich vergebens. Außerdem war er mit seinen weiteren Immobilien, Versicherungs-, Brauerei-, Elektrizitäts- und sonstigen Aktienpaketen ohnehin ein vielfacher Milliardär, einer der Reichsten der Bundesrepublik.

Mit alledem war klar, daß der seltsame Zeitschriftenbericht über den »reichsten Mann Deutschlands«, auf den meine Redaktion mich telegraphisch aufmerksam gemacht hatte, nur die Familie v. Finck zum – notdürftig getarnten – Gegenstand haben konnte, genauer: August v. Fincks Sohn und Erben sowie dessen Kinder. Aber wo war das angeblich am Tegernsee gelegene Besitztum, wo die Reportage samt den sie begleitenden Fotos entstanden sein sollte?

Ein Anruf bei der Kollegin, die den Bericht verfaßt hatte, half auch nicht weiter. Sie bekannte nach einigem Hin und Her, von der »Villa am Tegernsee« nur vom

Hörensagen berichtet zu haben! (Nun, ich konnte sie später beruhigen: Es gab und gibt noch immer ein schönes altes Landhaus am Leeberg über dem Tegernsee, das der Familie v. Finck gehört. Doch sie stellte es samt dem ausgedehnten Park verdienten Bankangestellten als Erholungsheim zur Verfügung, weshalb es im Telefonbuch auch unter M wie Merck, Finck & Co verzeichnet war und ist. Die v. Fincks selber machen lieber Ferien in ihrem Haus am Kochelsee.)

Während ich damals noch darüber nachdachte, ob der – von der Kollegin »getürkte«, aber in abgewandelter Form real existierende – Münchner Bankier tatsächlich »der reichste Mann Deutschlands« sein könnte, fiel mein Blick auf eine Notiz im Wirtschaftsteil der *Süddeutschen Zeitung:* August v. Finck, hieß es da, habe soeben die über 30prozentige Beteiligung seiner Bank an der »Stahlwerke Südwestfalen AG« um weitere 52,5 Prozent erhöht, habe dafür 115 Millionen DM an den bisherigen Mehrheitsaktionär bezahlt und halte nun fast 90 Prozent der Aktien dieses sehr bedeutenden Unternehmens.

Da fiel mir ein, was mir ein sehr erfahrener Bankier einmal erklärt hatte: »Wieviel Vermögen einer hat, ist letztlich eine Bewertungsfrage. Wenn Sie beispielsweise den ausgedehnten Grundbesitz einer Familie schätzen, kommen Sie womöglich auf einen Betrag von mehreren Milliarden. Aber Grundbesitz von so hohem Wert zu besitzen und über die Milliarden, die er wert ist, zu verfügen, ist zweierlei. Manchem Großgrundbesitzer würde es schwerfallen, von heute auf morgen auch nur 100 Millionen flüssig zu machen, obwohl er scheinbar über Milliarden gebietet...«

Nun, August v. Finck war es offensichtlich nicht schwergefallen, mehr als 100 Millionen DM lockerzumachen. War er vielleicht wirklich, wenn schon nicht der Allerreichste, so doch einer der Anwärter auf die vordersten Plätze? Und was war mit dem Verkäufer des

Aktienpakets der »Stahlwerke Südwestfalen AG«, der 115 Millionen DM dafür eingesteckt hatte? Hatte er aus Not verkauft oder gehörte er ebenfalls zur Spitzengruppe des Reichtums? Und lag ich, wenn weder der eine noch der andere von ihnen im Tegernseer Tal oder der nächsten Umgebung ansässig war – zumindest mit einem Zweit- oder Drittwohnsitz –, mit meiner Arbeitshypothese, alle Superreichen dort zu finden, am Ende falsch?

Ich beschloß, den Herrn v. Finck selbst danach zu fragen, und erfreulicherweise zeigte er sich nicht gänzlich abgeneigt, mich zu empfangen.

Von Tegernsee nach München ist es nicht weit, doch da von der Salzburger Autobahn ein Rückstau in beiden Richtungen von etlichen 20 Kilometern gemeldet wurde, beschloß ich mit der Eisenbahn zu fahren, und bei dieser erlebte ich die erste Überraschung: Sie war und ist eine Privatbahn, die auf den Strecken Schaftlach-Bad Tölz-Lenggries und Schaftlach-Tegernsee verkehrt und im Einvernehmen mit der Deutschen Bundesbahn deren Strecke bis München mitbenutzt. Eigentümer der Privatbahn aber war und ist das Bankhaus Merck, Finck & Co, das ich aufsuchen wollte! (Und natürlich, so erfuhr ich vom freundlichen Schaffner, gehörten auch die Grundstücke links und rechts des Bahnkörpers, zumal an den Ufern des Tegernsees, der Bahngesellschaft, also dem Bankhaus, also Herrn v. Finck.)

Allerdings gab es nahe der Bahnstrecke auch noch andere Grundeigentümer, die dort schöne Landhäuser bewohnten. Auf einige der schönsten machte mich der Schaffner liebenswürdigerweise aufmerksam, zum Beispiel auf das Anwesen von Familie Schickedanz.

Gustav und Grete Schickedanz gehörten schon damals zu den bundesdeutschen Multimilliardären. Ihr »Quelle«-Versandhaus nebst etlichen eigenen Herstellungsbetrieben (zum Beispiel für »Tempo«-Taschentücher, aber auch für Bier) war in den Wirtschaftswunderjahren aufgeblüht. Daß sie ebenfalls am Tegernsee ansässig waren, beruhigte mich sehr. (Heute ist Frau Grete Schickedanz – ihr Ehemann ist 1980 gestorben – nur noch in der Holdinggesellschaft des Konzerns tätig, ihr Vermögen wird auf mindestens 4,6 Milliarden DM geschätzt, und das Landhaus ist im Telefonbuch unter S wie Schickedanz KG nach wie vor verzeichnet.)

Das Gespräch mit dem Bankier August v. Finck war hingegen wenig ergiebig. Der Krösus, in dessen bescheiden eingerichtetem Privatbüro immerhin ein schönes Bild von Lovis Corinth und ein prächtiger Nolde hingen, hielt sich, wie er sagte, für einen – zumindest für die Öffentlichkeit – »völlig uninteressanten Mann«. Er überreichte mir mit traurig gesenkten Mundwinkeln eine zum Bankjubiläum erschienene Festschrift, aus der ich, wie er meinte, »alles ersehen« könnte, auch ein Buch, das der Hausbiograph über seinen Vater verfaßt hatte, und ich erfuhr, daß er keinen Fahrer beschäftigte, sondern die Strecke zwischen seinem Landsitz Möschenfeld und dem Bankhaus in der Münchner Innenstadt, Pacellistr. 4, täglich selbst am Steuer seines Volkswagens zurücklegte, denn die öffentlichen Verkehrsmittel seien ihm zu beschwerlich geworden ... Mit keinem Wort erwähnte er das, was ein älterer Bankangestellter, mit dem ich später noch ein wenig plauderte, »unsere Realitäten« nannte: knapp 20 000 Hektar Wald- und Grundbesitz im schönsten Oberbayern, rund hundert Häuser in der Münchner Innenstadt, die Mehrheit an der »Löwenbräu«-Brauerei, etwa 5 Prozent des »Allianz«- und ebensoviel des »Münchner Rück«-Kapitals (im heutigen Wert von zusammen fast 3 Milliarden DM!), eine 75prozentige Beteiligung an den Isar-Amperwerken (heute ebenfalls etwa 1,5 Milliarden wert), dazu noch Industriebeteiligungen aller Art, zumal an Kühlhaus-Ketten. Und die Tegernsee-Bahn, »ein reines Zuschußgeschäft«, wie ich erfuhr.

Schließlich, als ich beladen mit allerlei Geschäftsberichten und Prospekten schon fast den Ausgang erreicht hatte, nahm ich die letzte Gelegenheit wahr und fragte nach dem glücklichen Ausgang des »Stahlwerke Südwestfalen«-Kaufs.

»Ja«, meinte der ältere Herr, der mich zur Tür begleitet hatte, »wir waren alle sehr froh, als Herr v. Finck letzte Woche aus Grüneck zurückkam und alles perfekt war...«

Mit diesem Anhaltspunkt war es nicht allzu schwer, herauszufinden, wer sein »Südwestfalen«-Aktienpaket an August v. Finck verkauft hatte und wo dieser reiche Mann lebte – zu meiner großen Genugtuung ebenfalls im Tegernseer Tal!

Er stand, was mich nun nicht mehr wunderte, natürlich nicht im Telefonbuch, jedenfalls nicht unter seinem Namen. Indessen war sein Anwesen verzeichnet: im Ortsnetz Kreuth unter G wie Grüneck. Sein sorgsam verborgener Name aber war Friedrich Flick.

Sein schon fast legendärer Aufstieg war mir bekannt: 1883 war er als Sohn eines Grubenholzhändlers in Kreuztal-Ferndorf bei Siegen zur Welt gekommen, hatte die Siegener Realschule bis zum »Einjährigen« besucht, sich dann mit Nachhilfeunterricht das Geld verdient, das der Besuch der Kölner Handelshochschule kostete, wo er die Prüfung als Diplom-Kaufmann mit Auszeichnung bestand. Zwischendurch hatte er ein Jahr »bei den Preußen« gedient, und zwar in Kassel, wo er bei Verwandten wohnen und sich kostenlos verpflegen lassen konnte, denn sein dortiger Onkel Kaletsch war Gastwirt.

1906 trat Diplomkaufmann Flick als Prokurist bei der Bremer Hütte in Geisweid ein, weitere sechs Jahre später, 1913, als Direktor bei der »Eisenindustrie zu Menden und Schwerte AG«. Er heiratete dann eine Siegener Ratsherrntochter mit stattlicher Mitgift, und als im Jahr darauf der Erste Weltkrieg ausbrach, brauchte Direktor

Flick – 1,80 Meter lang, kerngesund, Vizewachtmeister der Reserve – nicht ins Feld, denn er war als Fachkraft bei seinem Rüstungsbetrieb unentbehrlich.

Allerdings, ganz unentbehrlich war Direktor Flick dann wohl doch nicht, denn als ihm die Konkurrenz ein gutes Angebot machte, wechselte er in den Vorstand der Charlottenhütte in Niederschelden, die er gründlich rationalisierte und deren enorme Gewinne er teils steuersparend in Kriegsanleihen, teils wertbeständig in spottbilligem Schrott anlegte. Ganz nebenbei wurde der äußerst sparsame Flick auch Hauptaktionär seines Unternehmens, das er durch Ankauf kleinerer Konkurrenten noch kräftig ausbaute. Kurz vor Kriegsende, genau einen Tag vor Waffenstillstand, verkaufte er die gesamte Kriegsanleihe zu noch günstigen Kursen und erwarb dafür Aktien und Bergwerks-Kuxe. Damit rettete er die Charlottenhütte, die schon ein mittelgroßer Konzern geworden war, vor dem Untergang, denn bald waren alle Kriegsanleihen wertlos.

In den folgenden Jahren der totalen Geldentwertung zeigte Flick seine Meisterschaft als Industrie-Tycoon und Börsenjobber: Er kaufte auf Kredit wertbeständige Ware und gute Aktien, verkaufte seine Erzeugnisse nur gegen harte Valuta oder im Tausch gegen Kohle und Schrott, tilgte die Kredite mit wertlos gewordenem Geld – und stand 1924 als Konzernherr da, mit einem Vermögen von mehreren hundert Millionen Mark neuer, guter Währung. Damit stieg er dann ins ganz große Geschäft ein. 1925/26 geriet die deutsche Stahlindustrie in eine schwere Absatzkrise. Als Notgemeinschaft wurden die »Vereinigten Stahlwerke AG« (Stahlverein) gegründet, in die Flick auch die Produktionsanlagen der Charlottenhütte einbrachte und dafür 20 Prozent der Stahlvereins-Aktien erhielt. Dieser Stahlverein, der fast die gesamte Stahl- und Kohleerzeugung des Deutschen Reichs vereinigte, wurde zu 51 Prozent beherrscht von der Gelsenkirchener Bergwerks-AG, kurz »Gelsenberg« genannt. Wer die Mehrheit bei »Gelsenberg« hatte, beherrschte damit den Stahlverein. Also begann Flick, heimlich die Stahlvereins-Aktien seiner Charlottenhütte in »Gelsenberg«-Anteile zu tauschen, und nach wenigen Monaten war er am Ziel: Mit kleinstem Einsatz, nämlich seiner Mehrheit an der Charlottenhütte, beherrschte er via Gelsenberg-Majorität den Stahlverein und damit praktisch die ganze Montanindustrie des Reiches!

Aber das war nur der erste Coup: 1931, mitten in der Weltwirtschaftskrise, kursierte das – von Flick lancierte – Gerücht an den Börsen, eine Pariser Großbank plane den Aufkauf von »Gelsenberg«, um damit das Ruhrgebiet in französische Hand zu bringen; ein Amsterdamer Bankier verhandele bereits für Flick mit den Franzosen!

Die Reichsregierung trat zu einer Krisensitzung zusammen. Sie beschloß, Flick eilig ein Angebot zu machen, um die Ruhrindustrie für das Reich zu retten, zumal die Franzosen bereits das Fünffache des Börsenwerts der »Gelsenberg«-Aktien geboten haben sollten. Man atmete in Berlin auf, als sich Flick herbeiließ, sein »Gelsenberg«-Paket dem Reich für etwas mehr als das Vierfache des Börsenkurses zu verkaufen. Daß an dem Gerücht kein wahres Wort gewesen war, erfuhr man erst später. Doch Flick geschah nichts (was damit zusammenhängen mochte, daß die beteiligten Spitzenpolitiker beträchtliche Parteispenden von ihm erhalten hatten).

Auch in den folgenden Jahren, nachdem Hitler an die Macht gekommen war, machte niemand Herrn Flick einen Vorwurf, im Gegenteil: Die Nazis ließen ihn seinen Konzern noch kräftig vergrößern, ja er wurde der bedeutendste Industriemagnat des »Dritten Reiches«. Als Mitglied des »Freundeskreises des Reichsführers SS Heinrich Himmler« war er immer glänzend informiert, durfte in ganz großem Stil »arisieren«, bekam während des Zweiten Weltkrieges Zigtausende von Sklavenarbeitern für seine Werke und stieg in der Gunst des »Führers«

weiter auf. In aller Stille aber traf er, von 1943 an, Vorkehrungen für die Nachkriegszeit, übersiedelte Anfang 1945 auf seinen Landsitz in der – wie er wußte – künftigen US-Besatzungszone, nach Sauersberg bei Bad Tölz.

Dort wurde er im Juni 1945 von den Amerikanern verhaftet, kam nach langer Untersuchungshaft 1948 vor Gericht und wurde als Kriegsverbrecher zu sieben Jahren Zuchthaus verurteilt, aber bereits im August 1950 wieder freigelassen.

Im Kriegsverbrechergefängnis von Landsberg am Lech, aus dem er als 67jähriger entlassen wurde, hatte er bereits die Pläne für den Wiederaufbau seines Konzerns fix und fertig ausgearbeitet, den Verkauf seiner westdeutschen Kohlenzechen und Stahlwerke eingeleitet und auch schon bestimmt, in welchen zukunftsträchtigen Branchen die Erlöse anzulegen wären. Er kaufte sich dann bei Daimler-Benz ein, erwarb die Dynamit Nobel AG, die Kunststoffe herstellte, die Feldmühle AG, die führend in der Papierherstellung war, und noch manches andere.

Als ich ihn vor etwa fünfundzwanzig Jahren im Tegernseer Tal aufstöberte, war er fast achtzig Jahre alt und längst wieder ein Krösus in der Spitzengruppe bundesdeutschen Reichtums.

Um so mehr war ich enttäuscht, als ich sein Landhaus Grüneck sah. Im Gegensatz zu den vielen schönen Landhäusern des Tegernseer Tals war es weder mit dunklem Holz verkleidet, noch hatte es umlaufende Balkone oder gar Geranienschmuck. Es wirkte düster, etwas fremdartig, eher wie eine Direktorenvilla der fünfziger Jahre im Ruhrgebiet oder im Siegerland.

Auch die Einrichtung gefiel mir nicht. Gewiß, es waren massive Eichenmöbel, aber sie hätten eher in den Konferenzsaal einer Dortmunder Brauerei gepaßt als ins sonnige Tegernseer Tal (wozu angemerkt sei, daß Haus Grüneck das schattigste Landhaus des ganzen Tals war und ist).

Eine ältere, ungeheuer tüchtig und zuverlässig wirkende Sekretärin empfing mich. Die obligate Frage, ob man eine Tasse Kaffee wolle, unterblieb, was mich nicht überraschte. Denn Geldgiganten sind, gerade in Kleinigkeiten, von kaum vorstellbarer Knickerigkeit; auch August v. Finck hätte es nicht über sich gebracht, einem Besucher etwas gratis anzubieten. Einer der drei Fernschreiber im Sekretariat begann zu ticken, und die Sekretärin übergab mich einem Herrn unbestimmbaren Alters, der wie zu einer Trauerfeier gekleidet war und wohl die Funktion eines persönlichen Referenten hatte.

»Wir müssen noch warten«, sagte er, »Herr Senator Flick telefoniert...«

Ich erinnerte mich dunkel, daß Flick, neben etlichen Ehrendoktoraten, auch die Senatorenwürde einer geldbedürftigen Universität zuteil geworden war, wunderte mich aber, daß dieser Titel Verwendung fand.

Nachdem ein Summer ertönt war, der uns anzeigte, daß das Telefongespräch beendet war und daß wir eintreten könnten, staunte ich noch viel mehr, denn in dem recht düsteren, keineswegs geräumigen Chefzimmer stand mitten im Raum eine – ich konnte es erst nicht glauben – ledergepolsterte Telefonzelle, ähnlich denen, die es früher in vornehmen alten Hotels gab. Der Krösus schloß gerade die Tür des innen schwach erleuchteten Monstrums, und das Licht darin ging aus.

Die Audienz war kurz und unergiebig. Ich erfuhr absolut nichts, was ich nicht bereits wußte – mit einer Ausnahme: daß sich der alte Herr, wie weiland der Preußenkaiser Wilhelm II. im holländischen Exil, fit hielt, indem er mit Axt und Säge aus Baumstämmen Kleinholz machte.

Außerdem hatte ich noch eine Kleinigkeit bemerkt, die mir Rätsel aufgab: Die Zigarre, die Friedrich Flick während der Audienz rauchte, kam aus einem Kistchen, dessen Steuerbanderole den Preis erkennen ließ: 15 Pfennig.

Solche Zigarren, das wußte ich, obwohl ich keine rauchte, gab es schon sehr lange nicht mehr; selbst die billigsten, die auf dem Markt waren, kosteten längst ein Mehrfaches. Wo mochte der sparsame Krösus so günstig eingekauft haben?

Der Herr in Trauer, der mich bis zur Haustür begleitete, verriet es mir, und erstmals zeigte er leise Anflüge von Heiterkeit um die Mundwinkel:

»Der Herr Senator legt großen Wert darauf, bei seiner alten, preiswerten Marke zu bleiben. Aber es gibt sie schon lange nicht mehr, leider. Alles wird teurer, wie Sie wissen... Und, nun ja, um ihm eine Freude zu machen, füllen wir die alten Kistchen nach. Dann freut er sich, wenn er auf der Banderole den alten Preis sieht...«

Das leuchtete mir ein, aber ich wollte noch etwas wissen:

»Warum raucht er denn diese Zigarren in einer Pfeife?«

Der Schwarzgekleidete hüstelte etwas verlegen.

Schließlich sagte er:

»Sie lassen sich so ganz aufrauchen – verstehen Sie?«

Ich verstand.

Der reiche Mann wollte die Stummel nicht umkommen lassen, denn es handelte sich ja um die Reste von Zigarren, die immerhin 15 Pfennig das Stück gekostet haben sollten.

Auf dem Heimweg zu meiner netten Pension ließ ich mir die Begegnung noch einmal durch den Kopf gehen:

Da hatte also ein Multimilliardär nicht nur einen Sparsamkeitsfimmel, sondern war auch so mißtrauisch, daß er unterstellte, seine langjährige Privatsekretärin oder sein sicherlich auch mehrfach auf Herz und Nieren überprüfter persönlicher Referent könnten an der Tür lauschen, wenn er geschäftlich oder privat telefonierte. Deshalb hatte er sich das ledergepolsterte Ungetüm mitten ins Zimmer stellen lassen. Es stammte wahrscheinlich aus der Zwangsversteigerung eines einstmals noblen Hotels, vielleicht aus dem »Siegener Hotel« seines Heimatstädtchens.

Der Krösus hatte sich auch, ganz so, wie ich es mir gedacht hatte, einen Wohnsitz mit Hinterausgang besorgt, wohl in Erinnerung an seine Verhaftung im Juni 1945. Von Grüneck aus konnte man zur österreichischen Grenze radeln, zwar meist bergauf, aber vielleicht hatte er ja für diese Zwecke die Ausgabe für ein Leichtmotorrad nicht gescheut...

Ich wußte damals noch nicht, daß das Erbe Flicks, trotz aller Bemühungen seines damit bedachten Jüngsten, es rasch und vergnüglich kleinzukriegen, mehr als 5 Milliarden DM ausmachte. Aber auch wenn ich es gewußt hätte, wäre ich nicht eine Sekunde lang auf den Gedanken gekommen, diesen mißtrauischen Geizkragen zu beneiden, der sich nicht einmal eine sonnige Lage für sein oberbayerisches Domizil samt Konzernzentrale gegönnt hatte.

Wenn ich, so nahm ich mir vor, meinen Wohnsitz in der Bundesrepublik frei wählen könnte, dann wollte ich zwar auch ins obere Tegernseer Tal ziehen, aber gewiß nicht in eine Lage wie die von Grüneck, sondern mit freiem Blick auf Wiesen und Berge, wie sie die Zimmer meiner Pension hatten.

Gleich nebenan war ein kleines Bauernhaus gerade frei, holzverkleidet, mit umlaufenden Balkonen voller Geranien, einem sonnigen Freiplatz unter dem Dachüberhang und kleinem Garten, fern dem Rummel rund um den See und den piekfeinen Geschäften, wo die Besucher aus Düsseldorf und Frankfurt am Main noch etwas teurer einkaufen konnten als daheim.

Genau dort habe ich mich dann vor fast fünfundzwanzig Jahren niedergelassen, wurde sozusagen ein Wahlbayer und habe es seither nicht bedauert.

Die Geldgiganten, die ich im Tegernseer Tal gefunden habe, machen übrigens nur einen sehr geringen Teil der

Gesamtbevölkerung aus. Trotz ihrer relativ großen Anzahl bekommt man sie, wenn man ihnen nicht geduldig auflauert, so gut wie nie zu Gesicht. Auch das ist etwas, das ich nicht bedauerlich finde.

Bayern literarisch

Im allgemeinen denkt man, wenn von Bayern und seinen Bewohnern die Rede ist, nicht zuerst an die Literatur; die Assoziationen sind meist ganz anderer Art. Aber auch im größeren Rahmen, wenn es um die Bundesrepublik geht, von der der Freistaat Bayern ja einen wichtigen Teil bildet, denken die europäischen Nachbarn nicht vorrangig an die Pflege der Literatur und die Wertschätzung der Literaten als das hervorstechendste Merkmal der Deutschen.

Dennoch galten und gelten die Deutschen als das »Volk der Dichter und Denker«. Jedenfalls hat sie, Georg Büchmanns »Geflügelten Worten« zufolge, Edward Bulwer im vorigen Jahrhundert unwidersprochen so genannt, und seine Charakterisierung wird noch immer anerkannt, andernfalls fände sie sich ja nicht in allen Nachschlagewerken.

Man kann sogar noch einen Schritt weiter gehen: Von Bulwers sehr umfangreicher literarischer Produktion hat für die Nachwelt vor allem ein Satz Bestand, eben jene Charakterisierung der Deutschen als »Volk der Dichter und Denker«.

Dabei hätte Bulwer, der, als Staatsmann hochgeehrt, zum ersten Lord Lytton of Knebsworth aufstieg und 1873 sein Leben beschloß, die Deutschen mit ebenso großer Berechtigung als »Volk der Gaukler und Taschenspieler« bezeichnen können, denn deren Anteil war und ist, auch wenn sie sich heute anders nennen, nicht geringer, sondern eher höher als der der Dichter und Denker. Er tat es aber nicht.

Heute, so dünkt uns, scheint Bulwers Feststellung einen noch geringeren Realitätsbezug zu haben als zu seiner Zeit, zu der in deutschen Landen die Uniformierten, von den Monarchen bis hinab zu den Gardeleutnants,

Gendarmeriewachtmeistern und Bahnhofsvorstehern, sehr viel zahlreicher waren (und in weit höherem Ansehen standen) als die Poeten und Philosophen. Wie mag der edle Lord Lytton of Knebsworth, so fragen wir uns, zu seiner kühnen Behauptung gekommen sein?

Des Rätsels Lösung kommen wir wohl dadurch am nächsten, daß wir herausfinden, wie und wo Bulwer seine Kenntnisse der deutschen Verhältnisse erworben hat, die ihn dann zu einer so erstaunlichen Charakterisierung der zwischen Nordsee und Alpen siedelnden Bevölkerung geführt haben. Und siehe da: Edward Bulwer hat sich seinerzeit vor allem in Bayern aufgehalten!

Es mag auf den ersten Blick überraschen, daß dem wackeren Briten gerade im Land des schäumenden Biers, der dampfenden Weißwürste und des beruhigenden Geläuts grasenden Milchviehs die Einsicht gekommen ist, die Einheimischen seien das »Volk der Dichter und Denker« und nicht irgend etwas anderes. Daß er dann, pars pro toto, dies auf die gesamte Bevölkerung deutscher Zunge, also auch auf alle »Preußen« außerhalb des eigentlichen Bayern ausgedehnt hat, ist wohl auf die Kürze seines Studienaufenthalts zurückzuführen, der ihn die an sich deutlichen Unterschiede nicht hat wahrnehmen lassen.

Tatsächlich gab es zur Zeit des Aufenthalts Edward Bulwers gute Gründe, Bayern als eine Heim- und Pflegestätte der Literatur anzusehen. Als er München besuchte, hatte König Maximilian II. Joseph dort den Thron bestiegen, nachdem sein Vater, Ludwig I., zur Abdankung gezwungen worden war und dessen Vertraute, Lola Montez, das Land verlassen hatte. Der neue König war ein großer Verehrer der Künste und der Literatur. Er gab sehr viel Geld dafür aus, die berühmtesten Dichter nach München zu locken.

So bildete sich um die Mitte des vorigen Jahrhunderts der »Münchner Dichterkreis«. In dessen Mittelpunkt stand zunächst Emanuel Geibel, der damals als Nachfolger Goethes und Deutschlands berühmtester Dichter galt. Geibel war kein Bayer, sondern kam aus Lübeck und kehrte später dorthin zurück, und auch der zweite Stern am Münchner Dichterhimmel, Friedrich Bodenstedt, zugleich ein tüchtiger Orientalist und hervorragender Übersetzer arabischer, persischer und auch russischer Dichtung, stammte aus Peine. Aber beide Sonnen samt den sich um sie sammelnden Poeten minderen Ranges verliehen rund anderthalb Jahrzehnte lang der bayerischen Hauptstadt literarischen Glanz. Der Dritte, der als Jüngling 1854 nach München kam, war Paul Heyse (aus Berlin), mütterlicherseits ein Nachkomme Moses Mendelssohns. Er überflügelte bald Geibel und Bodenstedt in der Gunst des Königs und des Publikums und blieb sechs Jahrzehnte lang bis zu seinem Tode im Jahre 1914 in München, dessen Ehrenbürger er wurde. Seine in mehr als achtzig Bänden erschienenen Novellen, Romane, Gedichte, Übersetzungen und Bühnenstücke machten ihn nicht nur zum wohl produktivsten, sondern auch zum angesehensten Dichter seiner Epoche. Als er 1910, etwas verspätet, mit dem Nobelpreis für Literatur ausgezeichnet wurde, sah man darin – zumindest in Bayern – zugleich eine Ehrung Münchens, der Metropole der »Dichter und Denker«.

Indessen waren die gefeierten Deutschen des »Münchner Dichterkreises« beileibe nicht die ersten, die Bayerns literarischen Ruhm begründeten. Eher läßt sich umgekehrt sagen, daß die Ursprünge deutscher Literatur überwiegend in Bayern zu finden sind, allerdings nicht in München, sondern im Alpenvorland südlich der ja erst im 12. Jahrhundert gegründeten Landeshauptstadt.

Die Mönche der Benediktinerabtei Tegernsee, die München ihren Namen gegeben haben, waren es auch, die der deutschen Literatur die ersten und wichtigsten Impulse gaben. Der erste abendländische Roman, der Ruodlieb, zwar als lateinisches Gedicht verfaßt, aber schon mit Germanismen durchsetzt und auch vom Stoff her etwas Neues, weitgehend frei von geistlichen oder klassischen Einflüssen, gibt uns ein reiches Bild vom Leben im 11. Jahrhundert.

Wahrscheinlich stammt auch das Gudrun- (oder Kûtrún-)Epos vom Tegernsee. Jedenfalls hat es einen bayerischen Dichter des 13. Jahrhunderts zum Verfasser. Mit Sicherheit entstand das älteste bekannte weltliche Theaterstück, das nördlich der Alpen geschrieben wurde, am Tegernsee und auch das schönste mittelalterliche Liebesgedicht in deutscher Sprache, »Ich bin din, du bist min ...«, wurde an seinen Ufern verfaßt. Schließlich hat Deutschlands erster politischer Dichter, Herr Walther von der Vogelweide, mindestens zeitweise am Tegernsee gewirkt. Seine Spottverse über den Geiz der Mönche, die ihm statt Wein nur Wasser anboten – »... also nasser mußt ich von der Mönche Tische scheiden« –, galten den Tegernseer Benediktinern.

Nur der Vollständigkeit halber sei die Paraphrase des Hohenliedes erwähnt, die der Abt Williram des Klosters Ebersberg, östlich von München gelegen, um 1060 verfaßte, schließlich das berühmte »Wessobrunner Gebet«, das schon gegen Ende des achten Jahrhunderts in der Abtei Wessobrunn im oberbayerischen Kreis Weilheim entstanden ist.

Nachdem somit klargestellt ist, daß die »eigentlichen« Bayern weder fränkische noch gar preußische Hilfe benötigten, um zu einem Volk der Dichter und Denker zu werden, können wir wieder nach München und ins frühe 20. Jahrhundert zurückkehren, wo Paul v. Heyse – er wurde natürlich, wie vor ihm schon Geibel und Bodenstedt, vom Bayernkönig geadelt – nicht der einzige Literatur-Nobelpreisträger blieb.

Seit 1893 lebte Thomas Mann (aus Lübeck) in München, war dort zunächst Volontär bei einer Versicherungsgesellschaft, dann auch Mitarbeiter des in München erscheinenden, damals von den Mächtigen, zumal dem Preußenkaiser, sehr gefürchteten politisch-satirischen Wochenblattes *Simplicissimus*, dessen Lektor und Korrektor der sprachlich sehr penible junge Mann später wurde. Nach kurzer Unterbrechung und dem Erscheinen seines ersten Romans, »Die Buddenbrocks«, blieb Thomas Mann von 1901 bis 1933 in München und wurde 1929 der zweite Literatur-Nobelpreisträger der Isarmetropole. Er verließ die Stadt nicht freiwillig, sondern weil ein gewisser Adolf Hitler – der bis dahin in München als »Schriftsteller« gemeldet war! – die Berliner Reichskanzlei erobert und seine Schreckensherrschaft errichtet hatte.

Die mehr als drei Jahrzehnte, in denen Thomas Mann der neue Dichterfürst war, lassen sich als die fruchtbarste literarische Epoche Münchens bezeichnen. Niemals vorher oder später hatte die Isarmetropole eine so große Fülle von Talenten innerhalb ihrer Mauern, und umgekehrt nahm Bayerns Hauptstadt unbestritten den ersten Platz unter den Musentempeln Deutschlands ein, zumal im Bereich der Satire und des Kabaretts. Albert Langen (aus Köln) gründete dort kurz vor der Jahrhundertwende, zusammen mit dem Zeichner Thomas Theodor Heine (aus Leipzig), den schon erwähnten *Simplicissimus*.

Darüber gibt es zahlreiche Berichte, und die einander ausschließenden Versionen sind so zahlreich wie die prominenten Mitarbeiter des Blattes. Die glaubwürdigste stammt von Th. Th. Heine: In der Neujahrsnacht 1896 habe er einsam bei einem Glase Punsch gesessen und über Deutschlands preußisches Joch und trübe Zukunft nachgedacht, da sei eiligen Schrittes der Verleger Albert Langen hereingekommen. Er sagte im Telegrammstil, wie es seine Art war: »Zehn Pfennig die Nummer, farbig illustrierte Wochenschrift ›Simplicissimus‹!« Daraufhin habe er, Heine, erst einmal um zweihundert Mark Vorschuß gebeten. Langen sei entrüstet gewesen. »Niemals! Dir weniger als tausend Mark Vorschuß anzubieten, wäre gemein!«, woraufhin Heine ihn einen genialen Verleger genannt habe. Langen habe zugestimmt, sei dann aber nachdenklich geworden. »Tausend Mark, das geht nicht! Da müßte man ja hunderttausend Exemplare verkaufen, ungeachtet der Selbstkosten und Rabatte!«

Bis zum Frühjahr waren sie sich dann einig, und am 4. April 1896 erschien die erste Nummer der Zeitschrift. Über die Gründungsfeierlichkeiten berichtet Th. Th. Heine: »In den geschmackvoll dekorierten Räumen des Mathäserbräus sah der Abend des 1. April 1896 alle Mitarbeiter zum Festmahl vereint, bis sie in später Stunde auseinandergingen, die einen in die Literatur-, die anderen in die Kunstgeschichte, der sie fortan angehören sollten.«

Der wohl bedeutendste literarische Mitarbeiter des *Simplicissimus* war Frank Wedekind (aus Hannover). Wedekinds Spottgedichte auf die Großmannssucht Kaiser Wilhelms II. trugen ihm Anklagen wegen Majestätsbeleidigung und eine Festungsstrafe ein, seine Stücke wurden wegen »Unmoral« angefeindet und häufig auch verboten. Er wirkte außerdem auch als Regisseur, Textdichter und Bänkelsänger an dem berühmten Münchner Kabarett »Die elf Scharfrichter« mit.

Ein anderer bekannter *Simplicissimus*-Mitarbeiter, der populäre Romancier Ernst v. Wolzogen (aus Breslau), gründete damals in München ein weiteres, dann sehr berühmtes Kabarett, das »Überbrettl«.

Alle damals in München lebenden Literaten (oder auch alle Mitarbeiter des *Simplicissimus*, was fast auf das gleiche hinausläuft) aufzuzählen und zu beschreiben, würde zwar nicht Bände, wohl aber diesen Band füllen. Mindestens einer aber darf nicht unerwähnt bleiben: Ludwig Thoma.

Thoma, ausnahmsweise ein »richtiger« Bayer (aus Oberammergau, Bezirksamt Garmisch in Oberbayern), war zunächst Rechtsanwalt in Dachau und München, dann Redakteur beim *Simplicissimus*, für den er seine gedichteten »Grobheiten« und die berühmten »Briefe des bayerischen Landtagsabgeordneten Josef Filser« schrieb. Thomas ganzes Werk, auch seine Komödien und Romane, wandten sich gegen das Spießertum und den Untertanengeist der wilhelminischen Epoche, gegen Klerikalismus und Frömmelei, nicht zuletzt auch gegen die preußisch-deutsche Überheblichkeit. Später lebte er in seinem Landhaus in Rottach-Egern am Tegernsee – in der Nähe des berühmten *Simplicissimus*-Zeichners Olaf Gulbransson, eines Wahlbayern aus Norwegen. Zuletzt war er, der 1921 in Rottach starb, ein anonymer Mitarbeiter des *Miesbacher Anzeigers*, eines wüsten, den aufkommenden Nazis nahestehenden völkischen und extrem judenfeindlichen Hetzblatts, und wurde so zu einem eher anrüchigen Beweis für die Spannbreite literarischen Lebens in Bayern.

Erwähnt seien noch aus der Zeit vor dem Ersten Weltkrieg die Herausgeber der Münchner literarischen Zeitschrift »Hyperion«, Carl Sternheim (aus Leipzig) und Franz Blei (aus Wien). Sternheim gehörte zu den führenden Dramatikern seiner Zeit, Franz Blei trat mit einer satirischen Darstellung der modernen Literatur (»Das große Bestiarium der modernen Literatur«) und mit Sammlungen erotischer Gedichte hervor.

Die blutige Beendigung der Revolution in München, wo die erste und einzige Räterepublik Deutschlands entstanden war, durch die Anfang Mai 1919 vom Norden her einmarschierenden Truppen der Konterrevolution war zugleich ein harter Schlag gegen die Literaturszene der Isarmetropole: Der in München wirkende Dichter, Bänkelsänger, pazifistische Publizist und Anarchosozialist Erich Mühsam (aus Berlin gebürtig, in Lübeck aufgewachsen) kam in Festungshaft, ebenso der expressionistische Lyriker und Dramatiker Ernst Toller (aus Posen), der Münchens Rote Armee zu humaner Kampfweise und Behandlung der Gefangenen ermahnt hatte. Der von Toller beschützte Dichter Rainer Maria Rilke (aus Prag) flüchtete damals in die Schweiz und kam nie mehr nach Deutschland zurück. Auch der zuvor unter dem Decknamen Ret Marut in München wirkende Einzelgänger und Herausgeber der Zeitschrift *Der Ziegelbrenner* floh vor dem weißen Terror und wurde später in Mexiko ansässig und unter einem neuen Pseudonym, B. Traven, als Autor sozialkritischer Romane weltberühmt.

Oskar Maria Graf, ein »richtiger« Bayer aus Berg am Starnberger See, war im Mai 1919 als Sympathisant der Räterepublik verhaftet worden, kam aber wieder frei und blieb als Dramaturg der Münchner Arbeiterbühne und freischaffender Schriftsteller in München – bis 1933, als er ins Exil ging, wie nicht wenige andere Münchner Literaten, angefangen von Thomas Mann und seinen bereits als Romanciers, Essayisten und Kabarett-Texter hervorgetretenen Kindern Klaus und Erika, über Lion Feuchtwanger, den gebürtigen Münchner, der mit seinem Schlüsselroman »Erfolg« sich als intimer Kenner der heimlichen Kumpanei bayerischer Konservativer und Klerikaler mit den aufkommenden Nazis erwiesen hatte, bis zu Johannes R. Becher, dem Sohn eines Münchner Oberlandesgerichtspräsidenten, damals bekannt als expressionistischer Lyriker, später als erster Kulturminister der DDR.

Nach dem Untergang der Nazi-Diktatur und dem Ende des Zweiten Weltkriegs wurde München abermals zu einer Heimstatt der deutschen Literatur, wobei vor allem das Feuilleton der von der amerikanischen Besatzungsmacht geschaffenen *Neuen Zeitung* zahlreichen aus dem Exil heimgekehrten oder von Berufsverboten der Nazis betroffenen Literaten eine Existenz- und Publikationsmöglichkeit bot. Einer der Mitbegründer dieser *Neuen Zeitung* war Stefan Heym, einer der wichtigsten Mitarbeiter Erich Kästner (aus Dresden), der dann bis zu seinem Tode in München blieb und von 1951 bis 1962 Präsident des westdeutschen P.E.N.-Klubs war. Stefan Heym (aus Chemnitz) mußte hingegen München bald wieder verlassen, stand er doch bei der US Army in dem – begründeten – Verdacht, Sozialist, womöglich gar Kommunist zu sein.

Ähnlichen Verdächtigungen waren die Herausgeber der ersten Nachkriegs-Literaturzeitschrift *Der Ruf* ausgesetzt, denen die Papierzuteilungen gedrosselt und schließlich gesperrt wurden: Alfred Andersch, der gebürtiger Münchner war und 1933 zu den ersten Häftlingen des KZ Dachau gehört hatte, und Hans Werner Richter (aus Bansin auf Usedom), der Gründer und Sprecher der legendären »Gruppe 47«, aber auch des radikaldemokratischen »Grünwalder Kreises«.

Luise Rinser (aus dem oberbayerischen Pitzling) war zehn Jahre lang Literaturkritikerin der *Neuen Zeitung*; der gebürtige Münchner Peter de Mendelssohn kam in seine Heimatstadt zurück, arbeitete später als Auslandskorrespondent des Bayerischen Rundfunks, blieb schließlich, bis zu seinem Tode im Jahre 1982, in seiner Heimatstadt, wo er die Tagebücher Thomas Manns herausgab und in seinen letzten Lebensjahren Präsident der Akademie für Sprache und Dichtung war.

Nach München kamen auch der gesellschaftskritische Romancier Wolfgang Koeppen (aus Greifswald); der Mitbegründer der »Gruppe 47« Walter Kolbenhoff (aus Berlin); der mit seiner »08/15«-Trilogie berühmt gewordene Hans Hellmut Kirst (aus Osterode in Ostpreußen); der vor allem als Hörspielautor hervorgetretene Erzähler, Romancier und Lyriker Günter Herburger (aus Isny); der Erzähler, Wagner-Biograph und langjährige westdeutsche P. E. N.-Präsident Martin Gregor-Dellin (aus Naumburg); der langjährige Literaturkritiker der *Süddeutschen Zeitung* Jörg Drews (aus Berlin); der Schriftsteller und Filmemacher Horst Bienek (aus Gleiwitz); der Kritiker und Erzähler Reinhard Baumgart (aus Breslau); der Lyriker und Mitbegründer der »Gruppe 47« Wolfgang Bächler (aus Augsburg); der Dramatiker und Fernsehautor Herbert Asmody (aus Heilbronn); der

Lyriker und Erzähler Heinz Piontek (aus Kreuzburg in Oberschlesien); die Erzählerin, Lyrikerin und Mitherausgeberin von Literaturzeitschriften Angelika Mechtel (aus Dresden); der Essayist und Romancier Dieter Lattmann (aus Potsdam), Gründer und erster Bundesvorsitzender des Verbands deutscher Schriftsteller (VS), und der Dramatiker Heinar Kipphard (aus Heidersdorf in Schlesien).

Um die Mitte der sechziger Jahre kamen noch viele weitere Literaten, Dramaturgen, Buchillustratoren und Filmemacher nach München, für die stellvertretend nur einige wenige Namen genannt sein sollen: Volker Schlöndorff (aus Wiesbaden), der Maler, Autor (»Das Boot«) und Sammler expressionistischer Kunst Lothar-Günther Buchheim (aus Weimar) und die Malerin und Zeichnerin Bele Bachem (aus Düsseldorf).

Schließlich seien, wiederum nur als Beispiele aus einer schier endlosen Liste, einige gebürtige Münchner genannt, die die Nachkriegs-Literaturszene ihrer Heimatstadt bereicherten: Harry Buckwitz, ein Verfechter des engagierten Theaters; Carl Amery, ein intimer Kenner bayerischer Geschichte und Geschichten, Romancier und derzeitiger Präsident des P. E. N.-Zentrums BRD; Herbert Achternbusch, ein sehr eigenwilliger Prosaist und Filmemacher; Franz Xaver Kroetz, Schauspieler, Stückeschreiber und Regisseur; die Kritikerin, Essayistin und vielseitige Publizistin Elisabeth Endres, schließlich die Kinderbuch-Autorin Dietlind Neven-Du-Mont.

Bei solcher Dichter-Dichte, die hier nur in Ausschnitten und ganz unzulänglich skizziert werden konnte, hätte man annehmen dürfen, daß die Nachkriegs-Herrscher über den weißblauen Freistaat sich, nach dem Beispiel ihrer Vorgänger, der Wittelsbacher, der in Bayern und zumal in München massierten Literaten nicht nur stets gerühmt, sondern die Dichterinnen und Dichter auch gebührend geehrt, gefördert, ja geradezu verhätschelt hätten. Davon konnte aber (und kann bis heute) nicht die Rede sein. Im Gegenteil:

Gerade der Bayern-Herrscher, dessen barocke Persönlichkeit das Bayern-Bild des übrigen Deutschland und seiner Nachbarn am stärksten geprägt hat, Franz I. Josef (Strauß), hatte zu den Dichtern und Denkern des von ihm regierten Landes ein nicht nur etwas gestörtes, sondern geradezu miserables Verhältnis. Gerechterweise muß man hinzufügen, daß auch die überwältigende Mehrzahl der in Bayern lebenden Literaten dem langjährigen Ministerpräsidenten und CSU-Boß recht kritisch gegenüberstanden, und daran stieß sich FJS natürlich.

Sich selbst als das personifizierte Bayernland ansehend, verkündete er auf einer seiner alljährlichen Aschermittwochsdarbietungen in Vilshofen: »Wer bei uns lebt, soll sein Land nicht schlechtmachen! Wem es hier nicht paßt, kann rausgehen aus Bayern, aus Deutschland! Es wird sich dann herausstellen für diese Nestbeschmutzer, diese nonkonformistischen Literaten, ob es für sie außerhalb der Bundesrepublik noch ein Land gibt, wo sie mit ihren geistigen, halbgeistigen und ungeistigen Produkten mehr verdienen können als hier!«

Damit hatte der Strauß Franzl in großartiger, auf seine niederbayerischen Gefolgsleute berechneter Schlichtheit zum Ausdruck gebracht, was ein anderer deutscher Politiker drei Jahrzehnte zuvor schon ähnlich formuliert hatte. Ja, fast hätte man meinen können, er hätte diesen wortgetreu zitiert (aber damals war das Adjektiv »nonkonformistisch« noch gänzlich ungebräuchlich).

»Für intellektualistische, destruktive Kritik ist die Zeit ... endgültig vorbei! Diese Ewiggestrigen sollen ihr Zersetzungswerk meinetwegen anderswo betreiben ... Sie mögen doch Deutschland verlassen, je eher, desto besser. Wir brauchen keine Kritikaster, und es wird sich zeigen, wie willkommen sie anderswo sind!«

So Joseph Goebbels, von den SA-Rollkommandos stolz »unser Doktor« genannt, im Jahr des Unheils 1933.

Als dreiunddreißig Jahre später eine stattliche Anzahl bundesdeutscher Autorinnen und Autoren, mit Hermann Kesten, Erich Kästner, Luise Rinser, Ingeborg Drewitz und Axel Eggebrecht an der Spitze, auf die Parallelen zwischen der Goebbels-Rede aus Anlaß der Bücherverbrennung und den Strauß-Ausführungen zu Vilshofen aus Anlaß des politischen Aschermittwochs hinwiesen, wurde Ministerpräsident Strauß noch böser und verstärkte die Schriftsteller-Schelte im Laufe der Jahre derart, daß seine Verbalinjurien – »Ratten und Schmeißfliegen!« – den Tatbestand der Volksverhetzung zu erfüllen drohten. Zum Glück für ihn wurde ihm Rechtsbelehrung zuteil, und so reduzierte er den angegriffenen Kreis von rund drei Dutzend verunglimpften Dichterinnen und Dichter eilig auf einen Autor, dem allein der doppelte Ungeziefer-Plural gegolten haben sollte, nämlich auf mich. Damit war der Staatsanwaltschaft die Möglichkeit genommen, strafrechtliche Schritte einzuleiten, denn gegen einzelne ist – nach dem Wortlaut des Gesetzes – keine Volksverhetzung möglich. Für den Angegriffenen blieb rechtlich nur der Weg einer Privatklage wegen Beleidigung.

Indessen gab es andere als juristische Wege, den Ministerpräsidenten zur Ordnung zu rufen. Es stand gerade eine Bundesdelegiertenkonferenz des Verbands deutscher Schriftsteller (VS) an, die zufällig in München stattfinden sollte – eine Verbandsangelegenheit, die normalerweise wenig öffentliche Beachtung findet und für die ein Raum des Stadtmuseums vorgesehen war, der etwa achtzig Personen Platz bot.

Doch auf Straußens Herausforderung hin disponierten wir um: Der VS, dessen Vorsitzender ich damals war, mietete für den Vorabend seiner Delegiertenkonferenz den großen Festsaal des Münchner Hofbräuhauses für eine öffentliche Veranstaltung, plakatierte diese unter dem Motto »Die Ratten und Schmeißfliegen laden ein« stehende Demonstration unserer Geschlossenheit überall und begann mit dem Vorverkauf der – ziemlich teueren – Eintrittskarten. Im Nu war der große Festsaal ausverkauft, und wir mußten noch einige Räumlichkeiten hinzunehmen. Über dreißig der prominentesten Vertreterinnen und Vertreter der zeitgenössischen deutschen Literatur sprachen oder lasen an diesem Abend; für jede und jeden standen nur wenige Minuten zur Verfügung; Walter Jens, der für den kranken Heinrich Böll eingesprungen war, moderierte das Literatur-Marathon im brechend vollen, aus feuerpolizeilichen Gründen abgeriegelten Hofbräuhaus, und tags darauf war bayern-, ja republikweit klar, wer den kürzeren gezogen hatte. Die von den Münchnern mit Ovationen überschütteten »Ratten und Schmeißfliegen« konnten mit dem Ausgang jedenfalls zufrieden sein.

Ministerpräsident Strauß grollte noch ein bißchen hinterher. In einem Interview mit der *Zeit* äußerte er sich über mich noch einmal und, wie er wohl meinte, hinreichend abfällig, indessen nun nicht mehr beleidigend und schon gar nicht justitiabel. Er erklärte: »Meine literarischen Fähigkeiten und die vom Engelmann, da kann man ja sagen – das ist Goethe zu Ganghofer!«

Goethe konnte sich nicht mehr dagegen wehren, daß Strauß sich hinsichtlich literarischer Qualitäten mit ihm gleichstellte. Ich wiederum fühlte mich nicht gekränkt durch den Vergleich mit Ludwig Ganghofer, dem populären bayerischen Volksschriftsteller, der sich auch als Forscher betätigte, was die schamlose Ausbeutung der Gebirgsbauern durch eine korrupte und selbstherrliche bayerische Obrigkeit betraf.

Übrigens – und das führt uns wieder zurück an den Tegernsee – liegt Ludwig Ganghofer, der mit Ludwig Thoma befreundet war, neben diesem am Tegernsee begraben, auf dem schönen alten Dorffriedhof von Rottach-Egern, meiner oberbayerischen Wahlheimat.

Rund um den Tegernsee gab es nämlich nicht nur im Mittelalter eine literarische Szene. Außer Thoma, Ganghofer und Gulbransson lebte auch der dichtende Sänger Leo Slezak in Rottach und ist dort begraben. Heinrich Spoerl, der Vater der »Feuerzangenbowle« und anderer heiterer Schwänke, hatte am Tegernsee seinen Wohnsitz, ebenso dessen schriftstellernder Sohn Alexander Spoerl. In Rottach lebte vier Jahrzehnte lang Mary Tucholsky, und sie baute dort mit großer Energie und immensem Fleiß Stück für Stück das Kurt Tucholsky-Archiv auf, das sie dann dem Deutschen Literatur-Archiv in Marbach am Neckar vermachte.

Es ließe sich noch etliches über die Schriftstellerinnen und Schriftsteller des Tegernseer Tals berichten, doch wollen wir uns beschränken auf einige wenige Kuriosa, die es nachzutragen gilt:

Da gab es am Tegernsee zunächst eine Autorin, die dort jahrzehntelang wirkte und 1950 in Rottach-Egern starb und die zwar keinen hohen literarischen Ruhm und wenig Ehrungen erntete, die aber in jedem Nachschlagewerk ihren Platz hat, deren Name jeder kennt und deren Werke – weit mehr als zweihundert Romane! – höhere Auflagen erzielten als die aller anderen zeitgenössischen Schriftstellerinnen und Schriftsteller. Sie hielt auch einen deutschen Rekord, was die Übersetzungen ihrer Romane in fremde Sprachen angeht, der bis heute nicht gebrochen ist, auch nicht von Günter Grass. Diese berühmte Autorin hieß Hedwig Courths-Mahler, und sie stammte aus Nebra. »Seit ihrem 17. Lebensjahr schriftstellerisch tätig«, so der »Große Brockhaus«, verfaßte sie jene Vielzahl von Romanen, »in denen sie der breiten Schicht der sozial Niedriggestellten« – und, wie ich hinzufügen möchte: auch vielen Höhergestellten! – »den Wunschtraum eines erfüllten Lebens in einer Märchenwelt der höheren Gesellschaft vor Augen stellte«.

Ihre Tochter Friede, die unter dem Pseudonym Friede Birkner das Werk ihrer Mutter mit ähnlicher Schaffenskraft fortsetzte, wohnte bis zu ihrem Tod ebenfalls in Rottach-Egern, Birknerweg 6, und ist auch dort begraben. Als Mäzenin der »Demokratischen Initiative« deutscher Publizisten, die vom Ministerpräsidenten des Freistaats wegen straußfeindlicher Gesinnung als »Ratten und Schmeißfliegen« beschimpft wurde, gehörte auch sie, Friede Birkner (Pseudonym für Friede Stein geborene Courths) zum »Ungeziefer«.

Die Gesamtauflage der Werke von Hedwig Courths-Mahler und Friede Birkner, bis heute annähernd sechzig Millionen Bände, könnte es, über- und nebeneinander aufgeschichtet, mit dem den Tegernsee überragenden Wallberg-Massiv aufnehmen, und – darauf waren beide, Mutter und Tochter, besonders stolz – es gibt in dem gemeinsamen Œuvre kein einziges unanständiges Wort!

Das konnte ein anderer, zumindest zeitweise im Tegernseer Tal lebender und schreibender Autor nicht für sich in Anspruch nehmen, im Gegenteil! Ein Großteil seines literarischen Ruhms beruhte gerade darauf, daß er im Zeugungstrieb die einzige ungebrochene Urkraft des Lebens sah (und auch drastisch so benannte). Er war mit einer deutschen Adligen, einer Freiin v. Richthofen, verheiratet, und sein in Deutschland bekanntestes, 1928 im englischen Original, 1930 erstmals in deutscher Übersetzung erschienenes Werk hat die Affäre einer Aristokratin mit einem Forstaufseher zum Gegenstand. Die Romanhandlung spielt zwar in England, doch die tatsächlichen Ereignisse, die der Autor ihr zugrunde legte, hatten einen ganz anderen Schauplatz, nämlich das obere Tegernseer Tal!

David Herbert Lawrence – so hieß der aus Nottinghamshire stammende Autor – lebte in den zwanziger Jahren eine Zeitlang in einer bescheidenen Unterkunft nahe einem Anwesen, das ehedem ein Forsthaus gewesen war und heute ein beliebtes Ausflugslokal ist. Und der Roman, dessen Sujet er während seines Aufenthalts in der Gemeinde Rottach-Egern fand – nicht: erfand –, erhielt den Titel *Lady Chatterley's Lover*.

Die deutsche Ausgabe des Romans von D. H. Lawrence rückte dies insofern wieder zurecht, als der überbewertete Titelheld wegfiel: Der Roman hieß in deutscher Übersetzung »Lady Chatterley« und trug kräftig dazu bei, daß Ruhm und Auflage aller im Tegernseer Tal entstandenen Werke nochmals beträchtlich anstiegen.

Bleibt noch anzumerken, daß just an jenem, im oberen Tal bewaldeten Hang, wo D. H. Lawrence in den zwanziger Jahren mit seiner Baronin Quartier bezog und die Mésalliance der Lady C. zu Papier brachte, einst jener Wein wuchs, den die Benediktiner des Klosters Tegernsee ihrem Gast, Herrn Walther von der Vogelweide, vorenthielten – aus Geiz, wie dieser vermutete, vielleicht aber auch, weil die in fast achthundert Meter Höhe wachsenden Reben, trotz sonniger Lage, ein so saueres Produkt lieferten, daß alle Beigaben von Honig nicht halfen und die Mönche sich schämten, dem Dichter davon etwas anzubieten. Schließlich gab es im 19. Jahrhundert im Forsthaus am Fuße besagten Hanges, das heute ein stattliches Ausflugslokal geworden ist, tatsächlich einen Jagdaufseher unrühmlichen Angedenkens.

Dieser herzogliche Jäger war es, der einen Jagdfrevler namens Jennerwein an der Baumgartenschneid nicht in Notwehr, vielmehr ohne Anruf von hinten niederschoß, also feige ermordete! Es soll sich, so munkelten die Leute im Tal, um den Racheakt eines betrogenen Liebhabers gehandelt haben, aber die Sympathien der Tegernseer Bauern und Handwerker wären in jedem Falle auf seiten des Wildschützen gewesen, der dann von seinen Freunden unter großer Anteilnahme der Bevölkerung in Schliersee bestattet wurde. Sein Grab kann dort noch heute besichtigt werden und ist stets mit Blumen geschmückt.

Was dies mit Literatur zu tun hat?

In Bayern jedenfalls eine ganze Menge. Gerade der vom verstorbenen Ministerpräsidenten Strauß seinerzeit recht abfällig erwähnte Ludwig Ganghofer, dessen Vater übrigens der höchste Forstbeamte Bayerns war und unter dem Pseudonym »Silvius« die wichtigsten Kommentare zum königlich bayerischen Forst- und Jagdrecht verfaßt hat, und der selbst nach beendetem Studium und Promotion Forschungen betrieben hat, die angemaßten Vorrechte des Adels in bezug auf die Jagd betreffend, hat das Wilderermotiv häufig literarisch verwendet. Des Wildschützen Jennerwein hat er sich allerdings nicht angenommen. Der wartet noch darauf, nicht nur im Volkslied besungen, sondern auch dramatisiert, verfilmt oder zu einem Fernsehspiel verarbeitet zu werden.

Von Entdeckungen, Wege der Vermögensbildung, einen »Onkel« sowie die Voraussetzungen betreffend, in Bayern ein Hirsch genannt zu werden

Unter sehr wohlhabenden Leuten – und dies nicht nur in Bayern – ist die Auffassung verbreitet, ihr Reichtum sei nichts anderes als das Produkt ihrer (oder ihrer Vorfahren) Arbeit und dessen sorgsame Speicherung. Diese interessante These verdient näher untersucht zu werden:

Nehmen wir einmal an, ein Krösus sei Eigentümer und Leiter eines Unternehmens mit diversen Produktionsstätten und zahlreichen Beschäftigten. Er wird dann ohne weiteres zugeben, daß er sein Werk nicht ganz allein betreiben und florieren lassen kann. Aber er kann und wird darauf hinweisen, daß seine Arbeiter, Angestellten, Ingenieure und Direktoren sämtlich einigermaßen gerecht entlohnt werden, also von den Gewinnen des Unternehmens den ihrer Leistung entsprechenden Anteil abbekommen. Was übrigbleibt, sei das Produkt der Eigenleistung des Inhabers, die dieser teils als Arbeit, teils in Form von Betriebskapital und Investitionen, also gespeicherter Arbeitsleistungen früherer Jahre, erbracht hat. Hinzu käme noch das unternehmerische Risiko, das er eingehe (und von dem er besonders gern spricht, wenn die Gewinne ungewöhnlich hoch waren).

Das Ganze ist eine wunderschöne, den Glauben an irdische Gerechtigkeit ungemein stärkende Theorie. Sie bedürfte keinerlei Erläuterung oder weiterer Untermauerung, würde nicht ab und zu die Frage laut, warum der eine soviel Arbeitskraft erübrigen und speichern konnte, alle anderen nicht. Die Antwort des Krösus lautet meist, dies resultiere entweder aus geleisteter Mehrarbeit seiner selbst oder seiner noch fleißigeren Vorfahren oder aber aus rationellerer Umwandlung vorhandener Energien.

Während etwa der Gelegenheitsarbeiter Baltasar Maria Geißhüter von frühester Jugend an seine natürlichen Kräfte meist schlummern ließ und den gerechten Lohn hie und da vollbrachter Arbeit – Koffertragen für Pensionsgäste, Besorgungen für die Pfarrköchin, Laubkehren für den Herrn Oberamtmann oder auch Austragen des *Loisach-Boten* an jedem zweiten Freitag – nicht für sinnvolle Investitionen oder rentierliche Anlagen in Pfandbriefen der Hypo-Bank verwandte, sondern teils in den Konsum von Starkbier, Obstler und Leberkäs, die er in Wärme umwandelte und nutzlos wieder abgab, teils in elektrische Lichtsignale transformierte, die auch keinen Profit brachten, weil der Spielautomat stets mehr schluckte, als er hergab, war der Vater des Krösus weit effizienter vorgegangen:

Von Hause aus ebenfalls mittellos und übermäßiger Anstrengung abgeneigt, hatte er mit zweiunddreißig Jahren seine Scheu vor festen Bindungen überwunden und die einzige Tochter des »Goldenen Hirschen«-Wirts (mit eigener Metzgerei) geehelicht, die, allerdings etwas träge und sehr korpulent, an ihm einen Narren gefressen hatte und zudem einen kräftigen und trinkfesten Partner benötigte, der nicht schon, wie sie, gegen zehn Uhr abends einnickte, sondern die letzten Gäste um ein Uhr früh abkassieren und hinauswerfen konnte. Der Vater des Krösus hatte dann als Nachfolger des »Hirschen«-Wirts alle Überschüsse der Gastwirtschaft und der Metzgerei ebenso wertbeständig wie profitabel investiert – in Immobilien, eine neue Wurstmaschine, den Anbau eines Tanzsaals sowie in Kleinkredite gegen doppelte Sicherheiten bei höchstens elf Prozent über dem Diskontsatz liegenden Zinsen – und war in großer

Zeit »Uk« – unabkömmlich – gestellt worden. Dank der strategischen Bedeutung seines Tanzsaals, in dem die Wehrmacht gegen gute Bezahlung Gasmasken und Feuerpatschen für den Ernstfall sowie Wollsocken, Rasierseife und Fischmehl als Eiserne Reserve für die kämpfende Truppe einlagerte, und dank des taktischen Einsatzes der Würste aus eigener Metzgerei und des hausgebrannten Kartoffelschnapses bei den zuständigen Behörden blieb er bis zur bedingungslosen Kapitulation von jeglicher Beteiligung am großen Völkerringen verschont, setzte daheim Speck an und wurde immer reicher. Auch übernahm er, als die Miete für den Saal ausblieb, die dort lagernden Bestände, verkaufte die Socken und die Seife auf dem aufblühenden Schwarzmarkt, errichtete mit den Erlösen eine Katzenfutterkonservenfabrik, in der das viele Fischmehl sowie Abfälle der Hausmetzgerei eine sinnvolle Verwendung fanden, und vermietete die Fremdenzimmer des »Hirschen« nur noch an Angehörige der siegreichen alliierten Streitkräfte zum Tarif von einer Stange amerikanischer Zigaretten je angebrochener Stunde. Schließlich gelang es ihm auch noch, die Gasmasken und die Feuerpatschen dem für Luftschutz zuständigen Captain der nahen Kaserne zu verkaufen, in der zuvor die SS-Standarte »Großdeutschland« stationiert gewesen war und wo nun das 152. US-Infanterieregiment seine Heimstatt hatte. Und während der eingangs erwähnte Baltasar Maria G. als Obergefreiter a. D. mit erfrorenen Zehen aus der Kriegsgefangenschaft heimkehrte, aufgrund noch stärkerer Abneigung gegen regelmäßige Arbeit fortan der öffentlichen Fürsorge zur Last fiel und seine Hoffnungen auf eventuelles Lottoglück beschränkte, konnte der »Hirschen«-Hotelier, Fleischwaren-Fabrikant und Katzenfutterkonserven-Magnat während der Wirtschaftswunderjahre sein Imperium noch kräftig ausweiten, weitere Hotels bauen, ganze Gebirgszüge für den Wintersport erschließen, seinen Produktionsstätten solche für Hundefutter, Suppenwürfel, Lärmschutzplatten (aus Knochenmehl) und ein potenzstärkendes Wundermittel (aus Stierbeuteln und Knoblauch) angliedern, einen Sohn (unseren Krösus) zeugen und so die Grundlagen für ein wertbeständiges Megamillionenvermögen und dessen Vermehrung durch künftige Generationen legen.

Im Gegensatz zu ihm, der seine gespeicherten Energien, sprich: 650 Millionen DM, einem Minimum an Erben, nämlich dem einzigen Sohn, unserem Krösus, hinterließ, entwickelte unser Sozialfall B. M. Geißhüter gerade auf dem Gebiet der Fortpflanzung eine ihm sonst ganz fremde Produktivität: drei Söhne und neun Töchter. Das ist zwar nur von theoretischer Bedeutung, da er ja, außer Schulden, nichts zu vererben hatte. Hätte er jedoch, ehe er das Zeitliche segnete, noch einen Lottogewinn im dritten Rang von, sagen wir: 30 000 DM erzielt, so wäre, nach Abzug aller Kosten und Verbindlichkeiten, auf das Haupt eines jeden seiner Sprößlinge nur ein Betrag von 854 DM entfallen. Die darin gespeicherten Energien wären, vermutlich noch während der Trauerfeier, auf die eine oder andere Weise genauso unproduktiv ins All abgegeben worden wie des Geißhüter, Baltasar, Seele.

So etwa lassen sich, nach landläufiger Meinung begüterter Kreise, die tatsächlichen Vermögensunterschiede erklären, die leider immer wieder auftreten, trotz theoretisch gleicher Startbedingungen.

Das Gesetz von der Erhaltung der Energie gilt jedenfalls auch für sämtliche Vorgänge der Vermögensbildung (ebenso für den negativen Bereich, das heißt: den Vermögensschwund), wobei Vermögen stets mit potentieller Energie oder gespeicherter Arbeit gleichzusetzen ist.

Diese Überlegungen bedürfen noch einer weiteren Ergänzung, ehe wir uns einem besonders interessanten Fall zuwenden können, bei dem eine kräftige und rasche

Vermögensbildung aus dem Nichts, ja dem negativen Bereich heraus, merkwürdigerweise auf einen *Mangel* an Energie zurückzuführen ist. Dieser Mangel bewirkte sogar noch weit mehr als die bloße Akkumulation von Millionen in der Hand eines bis dahin Mittellosen, nämlich eine Staatskrise außerhalb Bayerns und das Entstehen einer neuen, energiegeladenen, sprich: megamillionenschweren Dynastie, deren Gründer das Haus Wittelsbach nach allzu langem Interregnum auf dem Thron des weißblauen Freistaats ablöste.

Angesichts so exorbitanter Auswirkungen eines Energie*mangels* ist es erforderlich, zunächst die wissenschaftlichen Grundlagen unserer Untersuchung noch genauer zu definieren, weil wir sonst dem Phänomen eines durch fehlende Energie zum Krösus aufgestiegenen Mannes hilflos gegenüberstehen.

Wir haben bereits gesehen, daß sich Arbeitsenergie umwandeln läßt, zum Beispiel in Vermögen, quasi auf Flaschen gezogenen Schweiß, oder auch in Wärme. Es gibt natürlich noch viele andere Umwandlungsmöglichkeiten, wobei – wie uns jeder Physiker bestätigen wird – eine einzige Maßeinheit für sämtliche Energieformen theoretisch durchaus möglich ist.

Führen wir deshalb – nur für kurze Zeit! – eine solche Maßeinheit ein, die wir, zu Ehren der Epoche, in der sich besagtes Phänomen ereignete, als Wirtschaftswunder-Normeinheit (WWN) bezeichnen wollen. Sie entspricht genau der Energie, die in einer Million DMark der späten fünfziger Jahre unseres Jahrhunderts gespeichert war, oder dem Kalorien-(Heiz-)wert von 6,5 Tonnen getrüffelter Gänseleberpastete. An regnerischen Nachmittagen können wir nun ohne große Mühe alles in WWN umrechnen und addieren, was einem Krösus des Jahres 1959 lieb und teuer war: das Paket »Dow Chemical«-Aktien im schweizerischen Bankdepot, das durch die steigende Nachfrage nach Dow-Napalm im Kurs gewaltig gestiegen ist; die gotische Madonna der

Güteklasse A, die neben dem Kamin prangt; die Chinchilla-Pelzjacke der Krösus-Gattin (55 000 DM = 55 Kilo Beluga-Kaviar oder 0,6 Tonnen Kronenhummer + 350 Liter Mayonnaise); den Sex-Appeal, Charme oder Marktwert der mit dem Krösus befreundeten, angehenden Filmkünstlerin (Körpermaße geteilt durch wirkliches Alter in Klammern zum Quadrat) oder auch die Aufsichtsratstantieme, die der Krösus einem nützlichen Helfer in Steuersachen zugeschanzt hat (Körperlänge mal Dynamik). Dieses unterhaltsame und lehrreiche Spiel, bei dem praktisch alle Geldanlagen – von den Pferdestärken der Straßenkreuzerflotte bis zum falschen Rubens über der echten Renaissancetruhe mit eingebauter Hi-Fi-Stereoanlage – in WWN ausgedrückt werden können, führt uns zu einer Form der Geldanlage, die erhebliche Bewertungsschwierigkeiten bereitet: den Beziehungen!

Daß sich Beziehungen kapitalisieren lassen, ist eine altbekannte Tatsache. Auch der Schwiegersohn und Erbe des »Hirschen«-Wirts, unser eingangs geschilderter Krösus, hatte dies frühzeitig erkannt, zumal in Hinsicht auf ein gutes Verhältnis zur jeweiligen Obrigkeit sowie zur staatstragenden Partei. So war er schon als Junggeselle und gefragter Liebhaber, auch bereits der »Hirschen«-Wirtstochter, der SA beigetreten und hatte dadurch seiner Rauflust Legalität und sogar staatliche Förderung verschafft. Im Mai 1945 war er dann zu einem Demokraten der ersten Stunde geworden, teils als Mitbegründer einer Partei, die die Souveränität Bayerns, die Vertreibung aller Preußen (im weitesten Sinne) sowie die Eindämmung klerikaler Einmischung und die Pflege des Andenkens an den guten König Ludwig II. auf ihre Fahnen geschrieben hatte, teils als Sympathisant der amerikanischen Besatzer und ihrer Ideale, wofür der Captain sein Zeuge war, der die Gasmaskenbestände von ihm erworben und den exorbitanten Kaufpreis, den die US Army dafür bezahlen mußte, mit ihm fast brüderlich geteilt hatte. Ein paar Jahre später war er dann zu der Einsicht gekommen, daß er noch weit besser bei einer anderen Partei aufgehoben wäre, die ebenfalls rein bayerisch, aber dazu noch christlich, wohl auch ein wenig sozial, vor allem aber zur Majorität und damit staatstragend geworden war. Die guten Beziehungen, die ihm sein Übertritt verschaffte, erwiesen sich als überaus vorteilhaft, zumal er führende Persönlichkeiten seiner neuen politischen Heimat stets mit mindestens zehn Prozent an seinen geschäftlichen Unternehmungen zu beteiligen pflegte, was sich glänzend auszahlte. Er hätte es deshalb jederzeit auf seinen Eid genommen, daß sich aus Beziehungen Kapital schlagen läßt.

So dürfen wir der Zustimmung des Krösus und mit ihm weiter Teile der Bevölkerung, nicht allein Bayerns, gewiß sein, wenn wir feststellen, daß sich gute Beziehungen zu Mächtigen nach relativ einfachen Formeln kapitalisieren und in WWN umrechnen lassen. Aber daß auch *nicht* vorhandene Beziehungen hohe WWN-Werte dadurch erreichen können, daß der Vermutung ihres Vorhandenseins schwung- und kraftlos begegnet wird, ist ein wirkliches Novum, das für die Wissenschaft entdeckt zu haben sich der Autor schmeichelt.

Das Verdienst der theoretischen Entwicklung und ausgiebigen praktischen Erprobung dieses neuen Verfahrens der üppigen Vermögensbildung gebührt jedoch einem anderen, der damit sich und etlichen weiteren Persönlichkeiten zu beträchtlichen WWN-Gewinnen verholfen hat.

Angemerkt sei, daß die Entdeckung dieses Pioniers energieloser Erzeugung hoher WWN-Gewinne und seines neuen Verfahrens außerhalb Bayerns stattfand, daß aber die Hauptbeteiligten und wesentlichen Nutznießer des vom Autor rein zufällig entdeckten Systems im weißblauen Freistaat ihre angestammte Heimat hatten oder zumindest Wahlbayern waren.

Im Mittelpunkt des ganzen stand ein in jeder Hinsicht höchst verdienstvoller Mann namens Dr. jur. Dr. rer. pol. Aloys Sebastian Brandenstein. Seinen Platz unter den bundesdeutschen Multimillionären verdankte er jedoch weder seiner zwiefachen Promotion noch rastlosem Schaffen oder ererbtem Großvermögen, sondern seinem saft- und kraftlosen Verhalten! Er gewann nämlich nichtvorhandenen Beziehungen dadurch enorm viele WWN ab, daß er allen Vermutungen, sie seien doch existent, energielos begegnete.

Ich hörte den Namen des kraftlosen Doppeldoktors zum ersten Mal, als ich im Herbst 1961 das Bergische Land bereiste, um die dort zahlreich vorhandenen christlichen Sekten zu studieren. (Ich tat dies keineswegs aus eigenem brennenden Interesse, sondern nur, weil die Redaktion über dieses Thema eine Titelgeschichte für neuigkeitsarme Zeiten auf Lager haben wollte und weil ich beim Auswürfeln, wer sie zu schreiben hätte, der eindeutige Verlierer gewesen war.)

Um keine Mißverständnisse aufkommen zu lassen: Dr. Dr. Brandenstein war keiner der zahlreichen Laienprediger und Gesundbeter des für graue Schieferhäuser und rauhes Klima sowie für Milchreis mit Zucker und Zimt zum Nachmittagskaffee bekannten Landstrichs, sondern vielmehr neuer Generalbevollmächtigter eines Unternehmens, das zuvor die fromme Sekte Ecclesia gefördert hatte, ja ihr eigentlicher Hort gewesen war.

Es handelte sich bei diesem Unternehmen um die Remscheider Panzerkettenfabrik Erwin Backhaus KG, bei der »Ecclesia« hingegen um einen Bund, dessen führende Mitglieder durch Handauflegen Segen zu stiften, insbesondere Krankheiten zu heilen trachteten.

Die Kombination so wahrhaft christlicher Wohltätigkeit mit der Produktion von Kriegsmaterial weckte meine Neugier, und so suchte ich den Seniorchef Erwin Backhaus auf, einen freundlichen älteren Herrn, der, wie er mir gleich verriet, vor jeder ihm wichtig dünkenden Entscheidung mit dem Heiland zu Rate gehe, auch das Unternehmen unlängst veräußert habe und nur noch die Übergabe abwickele.

Meine sofort geäußerte Vermutung, daß ihm sein himmlischer Ratgeber wohl empfohlen habe, schleunigst die Rüstungsschmiede aufzugeben, wies er jedoch erstaunt zurück. Nein, der Verkauf sei keineswegs auf einen Wink des Heilands hin erfolgt, vielmehr auf einen solchen aus Bonn, vom Bundesministerium der Verteidigung, das damals noch nicht auf der Hardthöhe, sondern in der Ermekeil-Kaserne seinen Sitz hatte.

Er habe sich vor die Wahl gestellt gesehen, entweder seine Fabrik zu verkaufen oder auf den »im Namen Jesu Christi« produzierten Panzerketten sitzenzubleiben. (Das anspruchsvolle Motto pflegte die Firma Backhaus tatsächlich, wie ich mich überzeugen konnte, ihrem gesamten Schriftwechsel in Rüstungsgeschäften vorauszuschicken!)

Der ebenso gesprächige wie freundliche Firmenchef a. D. plauderte mit mir noch über dies und das, zog sich dann, wie er sagte, »zu einer kurzen Beratung mit dem Heiland« ins Nebenzimmer zurück und offenbarte mir anschließend, wer seiner Überzeugung nach die Schuld an dem viel zu billigen Verkauf des Rüstungsunternehmens (und dem dadurch verursachten Ruin der Sekte Ecclesia) auf sich zu nehmen habe: ein gewisser Oberst Becker in Bonn und ein Dr. Dr. Aloys Brandenstein ungewisser Herkunft. Letzteren habe er im August 1959, unter zwiefachem Druck und zu nicht eben billigen Konditionen, als angeblichen Notretter in die Firmenleitung aufnehmen müssen. Doch schon ein Jahr später und kräftig bedrängt von besagtem Dr. Brandenstein sei er zur Verschleuderung des Familienunternehmens gezwungen gewesen.

Als besonders schmerzlich empfand es der alte Herr, daß sich die neuen Eigentümer der Sekte Ecclesia gegenüber ablehnend verhielten. Sie wollten für das bislang landauf, landab erfolgreich betriebene Handauflegen nicht einmal mehr firmeneigene Fahrzeuge herausrücken! Doch während so dem frommen Wirken enge Grenzen gezogen worden seien, habe der Panzerketten-Umsatz nach dem Verkauf sogleich nie zuvor gekannte Höhen erreicht...

Ich muß gestehen, daß ich die von meinem Gesprächspartner erwartete Ergriffenheit nicht in dem Maße spürte, daß ich seinen Berichten noch lange gelauscht hätte. Ich traf vielmehr bereits Vorbereitungen zum Aufbruch und wäre bald darauf von Herrn Backhaus geschieden, ohne mehr erfahren zu haben als ein paar sektiererische Seitenaspekte des ohnehin skurrilen Rüstungsgeschäfts, hätte er nicht just im Augenblick, da ich mich zum Weggang erheben wollte, noch ein paar Erinnerungen an den dubiosen Dr. Dr. Brandenstein hervorgekramt.

»Anfangs setzten wir große Hoffnungen in ihn«, erzählte Herr Backhaus etwas wehmütig. »Denn gleich nach seiner Ankunft ließ er sich telefonisch mit der Privatwohnung von Verteidigungsminister Strauß verbinden, und ich hörte, wie er sich meldete: ›Hallo, bist du es? Hier ist Onkel Aloys! Ich bin jetzt bei Backhaus in Remscheid...‹«

Ich verschob dann die weitere Sektenforschung und widmete mich weltlicheren Dingen. Bald hatte ich eine ziemlich klare Vorstellung von der Entwicklung bei der Firma Backhaus und ganz neue Erkenntnisse, was das Zustandekommen gewaltiger Wehrbeschaffungsaufträge anging.

Die »Backhäuser«, wie man den Seniorchef und seine beiden Söhne in Remscheid nannte, hatten ihren alten Familienbetrieb in den ersten Jahren der Nazi-Diktatur (und nach offenbar unzulänglicher Beratung mit dem Heiland) ganz auf Kriegsrüstung umgestellt. Als ihr einziger Kunde im Mai 1945 in Konkurs ging, waren sie so einseitig auf Panzerketten festgelegt, daß sie ebenfalls den Betrieb hätten schließen müssen, wären ihnen nicht mit den Vernichtern ihres Kunden sogleich neue Abnehmer ins Haus gekommen: Die ins Rheinland einmarschierenden Briten und Belgier erkoren den Remscheider Spezialbetrieb zu ihrer Reparaturwerkstatt für Panzer.

Als im Laufe der fünfziger Jahre ein neuer Großkunde, die Bundeswehr, hinzukam, arbeitete das Werk schon wieder mit rund fünfhundert Beschäftigten und hatte – neben dem ständigen Fachberater im Himmel – eine Art Monopol für Panzerketten. Die »Backhäuser« konnten also gefaßt in die Zukunft schauen.

Indessen entwickelten sich die Dinge ganz anders: Zwar brauchte die Bundeswehr die Backhaus-Ketten für ihre Panzer, denn es gab kaum andere, und umgekehrt waren die Remscheider auf die Bundeswehr angewiesen, weil Briten und Belgier zu heimischer Erzeugung übergegangen waren und niemand sonst die Panzerketten benötigte. Aber das von gegenseitiger Abhängigkeit bestimmte Verhältnis zwischen dem Hersteller Backhaus und dem Bundeswehr-Beschaffungsamt in Koblenz blieb dennoch gespannt und bar jeder Herzlichkeit.

Die durch allerlei bittere Erfahrungen äußerst vorsichtig gewordenen Wehrbeschaffer stießen sich an dem Geschäftsgebaren der »Backhäuser« und ihren vielen frommen Sprüchen. Die Panzerkettenproduzenten hingegen verzweifelten an der Knauserigkeit der Koblenzer und ihrer keine klaren Dispositionen erlaubenden Auftragspolitik. Mal waren die Remscheider überbeschäftigt, mal mußten sie Feierschichten einlegen. Mal wurden Aufträge monatelang hinausgezögert, mal sollte alles über Nacht fertiggestellt werden. Die Absatzkurve der Firma, durch die Sekte Ecclesia ohnehin strapaziert, stieg und fiel wie die Fieberkurve eines Malariakranken. Und im Frühjahr 1958 erreichten die Beziehungen zwischen Koblenz und Remscheid ihren Tiefpunkt, der jeder wirtschaftlichen und militärischen Vernunft widersprach. Die Bundeswehr verzögerte Zahlungen und Aufträge, obwohl sie mehr denn je auf die Backhaus-Ketten angewiesen war; die »Backhäuser« mußten mitten in einer Hochkonjunktur die Produktion drosseln und Entlassungen vornehmen, ja sogar um Kredite betteln, weil sie ihren Lohnverpflichtungen nicht mehr nachkommen und ihre Lieferanten nicht bezahlen konnten.

Just um diese Zeit tauchte – zunächst in Bonn – Dr. Dr. Aloys Brandenstein auf, ein Mann gesetzten Alters und äußerst begrenzter Mittel. So knapp war seine Finanzdecke, falls man sie so nennen konnte, daß er nicht einmal die Kosten seiner Reise in die Bundeshauptstadt selbst hatte aufbringen können.

Er lebte damals im außerbayerischen Exil, in Frankfurt am Main, Holbeinstraße 62. Dabei hätte er, anstatt in einer bescheidenen Etagenwohnung von knapp 60 Quadratmetern, genau wie die »Backhäuser« in einer komfortablen Fabrikantenvilla wohnen können, wenn nicht der Krieg ihm die Existenzgrundlagen zerstört hätte – derselbe Krieg übrigens, der als der Vater aller Dinge auch zuvor die Basis Brandensteinschen Wohlstands gewesen war. Denn, wie die Herren Backhaus in Remscheid, so hatte auch Herr Dr. Dr. Brandenstein der Rüstung des »Dritten Reiches« fleißig gedient und bis zum bitteren Ende die großdeutsche Wehrmacht mit allerlei Mordinstrumenten beliefert.

Nach dem Ende des Zweiten Weltkriegs sah er sich aller seiner östlich von Elbe, Saale und Bayerischem Wald gelegenen Produktionsstätten beraubt, weil die neuen Machthaber ihn dort ähnlich rigoros enteignet hatten wie er selbst zuvor die einstigen Inhaber, polnische, tschechische und jüdische Untermenschen. Übriggeblieben war ihm nur sein Stammwerk, eine kleine Maschinenfabrik im heimatlichen Bad Aibling, einer oberbayerischen Kreisstadt von damals knapp achttausend Einwohnern, deren Interessen zwischen den Kurgästen des örtlichen Rheuma- und Moorbades und dem Viehhandel geteilt waren (und sind). Auch Dr. Brandensteins letzte Bastion, besagtes Stammwerk, ging Anfang der fünfziger Jahre in Konkurs, weil noch niemand an Rüstungsgut interessiert und die Nachfrage nach notdürftig aus Stahlhelmen und Gasmaskenbehältern gefertigtem Küchengerät nach der Währungsreform erloschen war. Fortan befand sich Dr. Dr. Brandenstein »in größter wirtschaftlicher Not« – eine Feststellung, die er selbst später zu Protokoll gab, ausdrücklich bezogen auf »die Jahre zwischen 1954 und 1958«. In diesen vier besonders mageren Jahren erlebte der einstige Rüstungsfabrikant manches Bittere, etwa die mangelnde Bereitschaft der Wirte seiner Stammlokale, ihm, einem mittellosen Akademiker, kleine Zechen zu kreditieren, aber auch manches Tröstliche. Es waren vor allem der damalige Landtagsabgeordnete der Christlich-Sozialen Union, der Bierbrauer Dr. Max Zwicknagl, und dessen fast erwachsene Töchter, die im nahegelegenen Rott am Inn lebten und dem einstigen Nachbarn, Standesgenossen und Bundesbruder eine gewisse Anhänglichkeit bezeigten. Bei diesen Freunden in Rott konnte Dr. Brandenstein nicht nur ab und zu sein Leid klagen und wehmütig von früheren, besseren Zeiten schwärmen, als der »Führer« noch für Ordnung sorgte und keinen Waffenschmied darben ließ. Vielmehr kam er dort auch in den Genuß warmer Mahlzeiten sowie des familieneigenen Kaiser-Biers.

Besonders das Mariandl, das für die väterliche Brauerei in den neueröffneten Wirtschaften in der weiteren Umgebung warb und auf ihren langen Fahrten mit der Vespa Zeit und Gelegenheit hatte, das harte Leben außerhalb des beschaulichen heimatlichen Landkreises kennenzulernen, legte manches gute Wort für den darbenden Ex-Rüstungsindustriellen ein, den sie mit Rücksicht auf sein fortgeschrittenes Alter und die Freundschaft zwischen den Familien »Onkel Aloys« nannte.

Hinzuzufügen bliebe noch, daß – Dr. Brandenstein hatte es bereits nach Frankfurt am Main verschlagen, wo es ihm noch schlechter ging als daheim in Oberbayern – besagte Zwicknagl-Tochter Marianne 1957 einen jungen, hoffnungsvollen Parteifreund ihres Vaters geehelicht hatte, einen Mann, der schon sehr hoch aufgestiegen war: den Franz Josef Strauß.

Der Franz – den zweiten Vornamen hatte er sich erst im Laufe seiner politischen Karriere zugelegt, »weil's g'mütlicher klingt« – war aus der väterlichen Metzgerei in München-Schwabing auf dem Umweg über ein Studium, die Ernennung zum Studienrat, Kriegsdienst in Rußland, dann an der Flakartillerieschule bei Schongau, Dolmetscherdienste bei den siegreichen Amerikanern und die Ernennung zum kommissarischen Landrat des Kreises Schongau in die Politik gegangen. Er hatte es dann ziemlich rasch zu einem Bundestagsmandat, zur Berufung ins Kabinett Konrad Adenauers und schließlich zu dessen Verteidigungsminister gebracht. Angemerkt sei noch, daß er – wie auch sein damaliger Spezi, Dr. Fritz Zimmermann – ein Schüler des in der ersten Nachkriegszeit sehr einflußreichen und ungemein schlauen »Ochsensepp« war, eines Münchner Rechtsanwalts mit bürgerlichem Namen Dr. Josef Müller, der der bayerischen CSU ihre (oder auch seine) spezifische Prägung gab und den aufstrebenden jungen Leuten beibrachte, daß es erst einmal die lästige Konkurrenz – damals die Bayernpartei – aus dem Feld zu schlagen und restlos zu vernichten galt, ehe man an Karriere und Verdienst denken konnte, auch daß man dabei um der guten eigenen Sache willen jedweden faulen Trick anwenden und keinerlei Skrupel haben durfte. Die »Ochsensepp«-Schüler zeigten sich sehr gelehrig, und kaum waren die Bayernpartei-Führer samt und sonders »erledigt«, umgedreht, ins Zuchthaus gebracht oder auch tot, da konnten die alerten jungen Herren aus der Kaderschmiede des »Ochsensepp« den Lohn ihrer Mühen, Ränke und Schliche ernten und sämtlich sehr hoch aufsteigen, der Franz (Josef) am höchsten.

Nachdem er sogar Verteidigungsminister in Bonn geworden war, nahm auch der im Frankfurter Exil lebende Landsmann Dr. Dr. Brandenstein von diesem Aufstieg Notiz, wenngleich vorerst ganz selbstlos und lediglich stolz auf diesen blitzgescheiten und stattlichen Kompatrioten, der es den Preußen in Bonn zeigte, wie man beim Rüsten nicht rastet. Doch dann drang 1957 die Nachricht auch zu Dr. Aloys Brandenstein, daß sein Mariandl, seine eigene Nenn-Nichte, den Strauß Franz geheiratet hatte! Nun verfügte also dieses glückliche Frauenzimmer über einen hochgestellten Ehemann und dieser über einen größtenteils in Rüstungsgut zu investierenden, schier unerschöpflichen Verteidigungshaushalt, und er selbst, der in Rüstungsfragen sehr kompetente, leider völlig abgebrannte »Onkel Aloys« der frischgebackenen Ministersgattin, über einen direkten Draht zum doppelten Haushaltsvorstand! Wer konnte es ihm verübeln, daß er gleich nach Ablauf der Flitterwochen von diesem Draht Gebrauch machte?

Der Hilferuf des »Onkels« wurde sehr gnädig aufgenommen und aus der engeren Sphäre der Familie heraus an eine geeignete Stelle im Bundesverteidigungsministerium geleitet. In doppelter Hinsicht besonders geeignet mußte der Familie Strauß-Zwicknagl ein hoher Offizier erscheinen, der einerseits für Beschaffung von Rüstungsgut aus dem In- und Ausland von zwar bestrittener Zuständigkeit, aber von unbestritten größtem Einfluß war, andererseits dem Minister Strauß aus bestimmten Gründen außerordentliche Ergebenheit bezeigte.

Dieser Offizier, Oberst Becker, kein Bayer, sondern ein Sohn der masurischen Wälder, wegen seiner hervorstechendsten Merkmale in Kameradenkreisen wohl auch »Ohren-Becker« genannt, hatte sich aus dem Mannschaftsstand zum Feuerwerker hochgedient und war nach dem Zweiten Weltkrieg von den amerikanischen Besatzungstruppen zunächst als Fachmann für Munitionstransporte und -lagerung verwendet, später von einem Kriegskameraden, Oberst Fett, nach Bonn geholt worden.

Im Jahre 1955 hatte der Bundestag einen Personalgutachterausschuß eingesetzt, dessen Aufgabe es war, als höchste Instanz darüber zu befinden, wer Offizier der neuen Bundeswehr werden durfte und wer nicht. Oberst Fett wurde abgelehnt, Becker durfte bleiben, jedoch mit der Auflage, daß er den Rang eines Obersten nicht überschreiten dürfe und auf sein Spezialgebiet der US-Materiallieferungen beschränkt bleiben müsse. Als diese Lieferungen Ende 1956 ausliefen, schien Beckers Abschied gekommen zu sein. Doch da wurde der erste Minister, Theo Blank, durch den dynamischen Bayern Franz (Josef) Strauß abgelöst, dessen Sympathie für »Ohren-Becker« einer »Liebe auf den ersten Blick« gleichkam. Becker durfte bleiben und fortan schalten und walten, wie es ihm gefiel. Bald nahm er Einfluß auf alle – nicht nur auf die amerikanischen – Auslandsaufträge, sondern auch auf die großen Inlandsaufträge der Bundeswehr.

Zu diesem Oberst Becker also drang – auf dem wichtigen Umweg über die Ministergattin Marianne geborene Zwicknagl – der Hilferuf des »Onkel Aloys« Brandenstein, just als die Spannungen zwischen dem Oberst und dem Remscheider Panzerkettenmonopol einen Höhepunkt erreicht hatten. Und als der Oberst an einem der nächsten Abende auf einem Empfang eines Militârattachés Herrn Erwin Backhaus senior begegnete, reifte sein Entschluß zur Tat, die »Backhäuser« auszuschalten und zugleich ein vielleicht nicht Gott, aber bestimmt der Familie Strauß gefälliges Werk zu tun. Er erklärte Herrn Backhaus militärisch knapp, er möge sich auf »entscheidende Veränderungen« gefaßt machen. Näheres würde er von seinen Gläubigern erfahren.

Die Firmengruppe, der die »Backhäuser« für Materiallieferungen am meisten schuldeten, wurde in Bonn von Herrn Christian Steinrücke vertreten, einem Mitglied des ebenso reichen wie mächtigen Clans der Werhahns (zu der sich auch die Familie Adenauer rechnen durfte und noch darf). Herr Steinrücke lud den Remscheider Seniorchef zu sich und teilte ihm kurzerhand mit, daß ihm fortan die Dienste eines im Verteidigungsministerium wohlgelittenen Mannes zuteil würden, der die Vertrauenskrise (und damit auch die Insolvenz) rasch beheben werde. Den Anstellungsvertrag hatte Herr Steinrücke schon unterschriftsfertig in der Schublade. Herr Backhaus hatte kaum noch Zeit, sich mit dem Heiland kurz zu beraten. Er mußte seinen Namen unter den Vertrag setzen und erfuhr dann durch einen Blick auf die ersten Abschnitte des umfangreichen Paragraphenwerks, wer fortan sein Generalbevollmächtigter sein sollte und was ihn dessen Dienste kosten würden. Der Name des neuen Leiters der Backhaus KG war Dr. Dr. Aloys Brandenstein; dessen Jahresbezüge waren auf 90 000 DM festgesetzt – eine für damalige Verhältnisse atemberaubend hohe Entlohnung! –, und hinzu kamen eine Dienstvilla, Dienstwagen nebst Fahrer sowie – hier stockte Herrn Backhaus der Atem – Vertrauensspesen bis zur doppelten Höhe des Jahressalärs!

Der mit zitternder Hand vollzogenen Unterschrift des alten Herrn Backhaus folgte allgemeines Aufatmen: bei Christian Steinrücke, weil er seinen Auftrag so rasch erfüllt hatte; bei Oberst Becker, weil er fortan nicht mehr mit den Ecclesia-Jüngern, sondern nur noch mit dem »Onkel« der Gattin seines Ministers zu tun haben würde; bei den »Backhäusern«, weil sie sich am Ende aller Sorgen glaubten, wenn auch zu hohem Preis, und bei Dr. Dr. Brandenstein, weil er mit einem Schlag »aus größter wirtschaftlicher Not« heraus und in den Genuß von regelmäßigen Bezügen gekommen war, wie er sie sich in seinen kühnsten Träumen nicht erhofft hatte.

Es erwies sich, daß dieses allgemeine Aufatmen

durchaus berechtigt gewesen war – außer bei den »Backhäusern«, die schmerzlich enttäuscht wurden: Schon nach wenigen Monaten kräftigen Sprudelns versiegte der Quell der Zahlungen des Koblenzer Beschaffungsamtes wieder völlig. Und während Dr. Dr. Brandenstein, in den die »Backhäuser«, die Werkbelegschaft und die Sekte Ecclesia so große Hoffnungen gesetzt hatten, immer seltener in Remscheid erschien oder auch nur von sich hören ließ, hingegen auf Kosten der Firma weite Reisen in Länder machte, in die noch nie eine Panzerkette geliefert worden war, brach neues Unheil über das gebeutelte Familienunternehmen herein: Die Koblenzer Staatsanwaltschaft begann gegen einen der Backhaus-Söhne zu ermitteln, weil der in seinen Bemühungen, den plötzlichen Auftragsstop zu beheben, bei den zuständigen Bundeswehrbeamten etwas zu weit gegangen sein sollte. Es mag dahingestellt bleiben, ob der Verdacht zutraf oder nicht. Jedenfalls bewirkte dieser neue Ärger, daß den »Backhäusern« die Lust am Fabrizieren von Rüstungsgut endgültig verging. Sie wollten ihr Unternehmen nun verkaufen.

Kaum hatten sie diesen Entschluß gefaßt, da tauchte der verschollene Generalbevollmächtigte Dr. Dr. Brandenstein wieder auf, nahm den Senior Backhaus beiseite und flüsterte ihm zu: »Ich habe schon einen Käufer für Sie! Der legt Ihnen die Millionen bar auf den Tisch! In drei Tagen ist alles perfekt!«

Der Onkel war so gut wie sein Wort: Am Morgen des vierten Tages, am 1. August 1959, ging die Backhaus KG in den Besitz eines sehr bedeutenden Rüstungskonzerns über, zu einem nach Lage der Dinge hohen, am Realwert gemessen sehr niedrigen Preis: 7 Millionen DM. Die Zentrale des Konzerns, der die »Backhäuser« auf den Altenteil abgeschoben hatte, lag in Bayern, wenngleich im fränkischen Nürnberg, und der (fast) alleinige Inhaber hieß (und heißt) Carl Diehl. Obwohl er zur Spitzengruppe der bundesdeutschen Geldgiganten gehört, ist er der Öffentlichkeit kaum bekannt, allenfalls als Produzent von Rechenmaschinen und Uhren (zum Beispiel der Marke »Junghans«) sowie als Förderer sowohl des Flugsports als auch von Gruppen, die einen Sport aus dem zu machen behaupten, was sie »Wehrertüchtigung« nennen.

Damals hatte Firmenchef Diehl, ein sehr zurückhaltender und bescheiden im Hintergrund wirkender Mann, etwa 20 000 Konzernbeschäftigte und erzielte In- und Auslandsumsätze in der Größenordnung von etwa einer Milliarde DM (die sich inzwischen vervielfacht haben). Außerdem hatte er einen Spezi: seinen bayerischen Landsmann Franz (Josef) Strauß, dem er gern jedwede Gefälligkeit erwies, denn nicht nur war die von Strauß befehligte Bundeswehr sein Großabnehmer, sondern er hatte an dem dynamischen Franzl einen Narren gefressen.

So mochte es kommen, daß in die von Diehl erworbene Remscheider Panzerkettenschmiede als neuer Statthalter ein Mann einzog, der sich um die bayerische CSU des FJS große Verdienste erworben hatte, die der Belohnung harrten. Sein Name war Friedrich Krapf, und er hatte zuvor in Sünde und Verblendung gelebt, denn er war der Münchner Geschäftsführer jener Bayernpartei gewesen, die von der CSU als Konkurrenz gehaßt wurde wie, sozusagen, das Weihwasser vom Teufel, nur daß man es umgekehrt ausdrücken müßte, weil schließlich die Christlich-Sozialen dem Weihwasser näherstehen.

Dem Manne Krapf wurde also gerechter Lohn dafür zuteil, im rechten Augenblick den Weg zur Tugend und zur Partei des Franz (Josef) Strauß gefunden zu haben, der nun sein großer und einziger Panzerkettenkunde sein würde. Doch Krapf war nicht der einzige Belohnte: Auch der um den Verkauf der Remscheider Backhaus KG so verdiente Dr. Dr. Brandenstein bekam, was ihm gebührte: eine stille Beteiligung an der nunmehrigen

Diehl-Konzerntochter im Nominalwert von 200 000 DM. Diese großzügige Vermittlungsprovision dürfte zum Zeitpunkt ihrer Leistung eine runde Million Mark wert gewesen sein, später natürlich weit mehr. Denn es versteht sich fast von selbst, daß die Backhaus KG vom Tage ihres Besitzerwechsels an in einem bis dahin nicht für möglich gehaltenen Ausmaß florierte. Schon im ersten Geschäftsjahr nach dem Ausscheiden der »Backhäuser« verdoppelte sich der Umsatz, die Beschäftigtenzahl beinahe.

Für den »Onkel Aloys« Brandenstein waren diese an sich so erfreulichen Dinge jedoch längst zu bloßen Nebensächlichkeiten geworden. Er hatte die engen Grenzen des deutschen Panzerkettengeschäfts bereits überschritten und war dabei, sich auf dem internationalen Waffenmarkt einen Namen (und viele weitere Millionen) zu machen. Zahlreiche Auslandsreisen führten ihn zu potentiellen Lieferanten der Bundeswehr und koinzidierten meist mit stattlichen Aufträgen des Bonner Verteidigungsministeriums an die vom »Onkel« besuchten Firmen. Schon Anfang 1959, als Dr. Dr. Brandenstein noch Generalbevollmächtigter der »Backhäuser« war, konnte er dem Oberst Becker das eine oder andere aus Portugal beschaffen, zum Beispiel für 77 Millionen DM Granaten.

Für dieses auf den ersten Blick etwas verblüffende Bedürfnis der Bundeswehr, sich aus fernen Ländern mit Munition zu versorgen, wurden ernste Gründe politischer wie logistischer Art geltend gemacht: Gegen die ersteren, den Wunsch betreffend, den damaligen erzkatholischen und entschieden antisozialistischen Diktator Salazar zu stärken, ließ sich aus der Sicht Konrad Adenauers und seines Wehrministers Strauß nichts einwenden. Was jedoch die logistischen Gründe angeht, so machten sie deutlich, daß Logistik mit Logik nichts gemein zu haben braucht.

Der Gedanke, fern der Heimat, am Tejostrand, Granaten für die Bundeswehr drehen zu lassen, entsprang nämlich dem Wunsch, die Bonner Streitkräfte unabhängig von gefährdeten deutschen Produktionsstätten zu machen. Gerade diesen Wunsch konnten die Portugiesen aber beim besten Willen nicht erfüllen. Es fehlte ihnen dazu etliches, das sie auswärts einkaufen mußten, und es ehrte sie, daß sie aus einem Gefühl der Dankbarkeit heraus alle diese Einkäufe in der BRD tätigten und sich als Vermittler wiederum des emsigen »Onkels« bedienten.

So kam es, daß fortan deutsche Stahlknüppel, Zünder und andere für die Granatenherstellung wichtige Dinge vom Rhein an den Tejo rollten und nach angemessener Zeit, zu Granaten veredelt, vom Tejo zurück an den Rhein kamen. Sie mehrten dabei auf dem Hin- und auf dem Rückweg die deutsch-portugiesische Freundschaft und die Provisionsguthaben des Dr. Dr. Aloys Brandenstein, letztere um achtstellige DM-Beträge.

Doch nicht allein der Onkel, auch sein »Führungsoffizier«, Oberst Becker, konnte sich nicht beklagen: Nun setzte sich nämlich sein Dienstherr, Minister Strauß, über das ausdrückliche Verbot des Bundestags hinweg und schuf für den Vater des Portugal-Geschäfts ein neues, eigenes Ressort, speziell für Beschaffung, und damit eine Generals-Planstelle. Den Widerstand der Personalabteilung überwand er dadurch, daß er deren Chef, General Hansen, zur Truppe in die Provinz verbannte, und Hansens Nachfolger machte begreiflicherweise keine Einwände mehr, als Becker nun zum Brigadegeneral befördert wurde.

»Des Vaters Segen baut den Kindern Häuser«, heißt es bei Jesus Sirach, und es muß gestattet sein, den für nahezu alle Wechselfälle des Lebens verwendbaren Propheten dahingehend auszulegen, daß es sich auch um geistige Väter handeln kann. Wenn wir den nunmehrigen General Becker als geistigen Vater des »Onkel Aloys« anzusehen vermögen und seinen Einfluß auf die zahlreichen, sehr lukrativen Einstellungs-, Verkaufs- und Lieferverträge als Segen aufzufassen bereit sind, so läßt sich die Richtigkeit der Vorhersagen des Jesus Sirach nicht verkennen: Es wurde fleißig gebaut!

Dr. Dr. Brandenstein hatte natürlich, gleich nachdem er im August 1958 der Remscheider Panzerkettenfabrik aufgepfropft worden war, seine karge Behausung in Frankfurt am Main aufgegeben und sich eine Dienstvilla in Remscheid einrichten lassen. Als nächstes kaufte er mittels eines Barschecks und unter stolzem Hinweis auf seinen taufrischen, immensen Reichtum, ein sehr repräsentatives Haus am Bad Godesberger Stadtwald 34. Alsdann ging er an den Erwerb ausländischen Immobilienbesitzes, zunächst an der Küste Portugals, dann auch in der Schweiz, wo er in Ober-Ägeri am Ägerisee ein standesgemäßes Landhaus erwarb.

Um dieselbe Zeit fügte das junge Ehepaar Strauß seinem Haus- und Grundbesitz, der bis dahin in wertvollen Münchner Wohnblocks gegipfelt hatte, einige südliche Perlen hinzu.

Niemand hätte übrigens die südländischen Immobilienkäufe des Ehepaars Strauß in irgendeinen Zusammenhang mit den Segnungen gebracht, die der Oberst, erst recht der General Becker auf das graue Haupt des Strauß-Schützlings Brandenstein häufte, wenn dieser nicht bei jedweder Gelegenheit augenzwinkernd und unüberhörbar Andeutungen gemacht hätte. Wo immer der Doppeldoktor, von seinen vielfältigen Rüstungsgeschäften rastend, bei etlichen guten Tropfen Entspannung suchte, zeigte er sich kontaktfreudig und sehr aufgeschlossen. Mal holte er sich bei unbekannten Bargästen Rat, wie er wohl sein Multimillionenvermögen noch besser anlegen könnte, mal unterstrich er vor achtungsvoll lauschenden Mitzechern die große Anhänglichkeit und Güte, die das Mariandl, »die Gattin des Herrn Ministers Strauß«, ihm bezeige; daß sie ihn, ihren alten »Onkel Aloys«, in der Stunde der Not nicht im

Stich gelassen habe und daß man als bayerischer Ehrenmann dies natürlich nicht mit einem »Vergelt's Gott!« abtun könne. Ja, und nicht selten ging er mit seinen freimütigen Bekenntnissen noch erheblich weiter...

Dies alles hatte ich erfahren, nachdem ich kurz zuvor in Remscheid gewesen war, dort Sektenforschung betrieben und diese sogleich zugunsten intensiver »Onkelforschung« aufgegeben hatte. Es fehlte mir nur noch eine Begegnung mit Dr. Dr. Brandenstein selbst, um aus dem ganzen eine schöne, runde Geschichte zu machen, die Pflege urbayerischer Traditionen in Bonn betreffend.

Aber der »Onkel«, so sehr ich auch nach ihm fahndete, blieb für mich unsichtbar. Mal war er gerade gegangen, mal wurde er erst erwartet, unbestimmt wann, mal war er verreist, mal unpäßlich, letzteres, als ich ihn endlich geortet hatte und um eine Audienz eingekommen war. Hingegen wurde ich in ganz anderer Hinsicht fündig: Ich fand heraus, daß ich ständig beschattet wurde; daß meine Telefongespräche und auch meine Post-Ein- und Ausgänge nicht den ihnen von Verfassung und Gesetz verbürgten Geheimnisschutz genossen. Kurz, es war kein Zweifel, daß sich der MAD intensiv um mich kümmerte. Da ich mir nicht schmeichelte, ein schutzwürdiges Objekt zu sein, dessen sich der Militärische Abschirm-Dienst pflichtgemäß anzunehmen hätte, blieb nur die – leider zutreffende – Vermutung, daß jemand, der das Gras wachsen hörte – vielleicht ein als »Ohren-Becker« bekannter General? –, den MAD in einen OAD, einen Onkel-Abschirm-Dienst, umfunktioniert hatte.

Der ranghohe Offizier – welcher auch immer – mußte wohl angenommen haben, daß mein Interesse an dem zwiefach promovierten Aloys Brandenstein keiner privaten Liebhaberei entsprang, vielmehr eine Veröffentlichung zum Ziel hatte, womöglich in jenem gefürchteten Hamburger Nachrichtenmagazin, dessen Redaktion ich damals angehörte. Ich hätte den Betreffenden beruhigen können: Mein Auftrag galt der Erkundung christlicher Sekten, und niemand von der Redaktionsspitze hatte mir bislang die sich abzeichnende Aloysiade des Ministers Strauß abnehmen wollen. Erstens, so hieß es, gäbe es diesen »Onkel« vermutlich gar nicht; er sei ein Produkt der Phantasie des ohnehin nicht ernstzunehmenden Herrn Backhaus senior. Zweitens: Wenn es den Onkel doch gäbe, sei er vermutlich gar kein richtiger Onkel (was ja stimmte). Drittens sei Strauß viel zu gescheit, sich auf so balkanesische Weise zu kompromittieren (womit andere hervorstechende Eigenschaften des Ministers völlig unterbewertet wurden!). Und viertens, so wurde mir abschließend erklärt, selbst wenn die ganze Geschichte haargenau stimme, so sei sie nicht verwertbar, da aus intimster Familiensphäre, reine Privatangelegenheit und für ein seriöses Blatt absolut tabu... Die Bundeswehrspitze sah die Sache jedoch ganz anders, und ihre Reaktionen ließen für sie sehr schmeichelhafte Rückschlüsse zu, ihre Entscheidungsfreudigkeit und blitzschnelle Abwehr drohender Angriffe betreffend:

Als erster wurde der Onkel mobil gemacht und eilig in Marsch gesetzt, zunächst zu dem Kölner Notar Pascal Maubach, der am 6. Februar 1961 und gegen mäßige Gebühr die Unterschrift des Dr. Dr. Aloys Sebastian Brandenstein am Fuße einer (uneidlichen) Erklärung beglaubigte, die dieser mitgebracht hatte. Diese Erklärung wurde alsdann zu den Handakten des Bundesverteidigungsministers genommen, der »Onkel« hingegen in Eilmärschen außer Landes geschafft – in die vorbereitete Auffangstellung am schweizerischen Ägeri-See. Die zweite Sofortmaßnahme betraf die Änderung einiger Registereintragungen, zum Beispiel in Remscheid durch folgenden Zusatz: »Der Kommanditist Dr. Dr. Brandenstein ist mit Wirkung vom 31. Januar 1961 aus der Gesellschaft (Panzerkettenwerk Backhaus) ausgeschieden.«

Sodann verfaßte der Minister Strauß selbst, in der

Rolle des treusorgenden Hausvaters, der sich um alles kümmern muß, einen ausführlichen Brief, dem er eine von seinem persönlichen Referenten beglaubigte und gesiegelte Abschrift der »Erklärung« des Dr. Dr. Brandenstein beifügte.

Besagter Brief ging durch Kurier nach München, wohin ich gerade gereist war, teils wegen einer Spur, ein sehr dubioses Waffengeschäft betreffend, an dem der »Onkel« beteiligt sein sollte, teils wegen des Faschings. Was folgte, fiel in beide Bereiche: Rüstungsgeschäft und Gaudi.

Erst begegnete ich – rein zufällig – einem grämlich dreinblickenden, gerade in seiner Heimatstadt eingetroffenen Minister Strauß, der mich, kaum daß er meiner ansichtig wurde, aus kleinen Augen mißtrauisch betrachtete und sich dann eilig entfernte. Dann traf ich – keineswegs zufällig, wie sich herausstellte – Herrn Dr. Friedrich Zimmermann, den Generalsekretär der bayerischen CSU und Vorsitzenden des Verteidigungsausschusses im Deutschen Bundestag. Er trat wie ein guter alter Bekannter an meinen Tisch, als ich in einem Münchner Lokal ein sehr spätes Nachtmahl (oder ein sehr frühes Frühstück) einnehmen wollte, folgte meiner Aufforderung, Platz zu nehmen, ohne Zögern und kam gleich zur Sache, woraus man zweierlei folgern konnte: erstens, daß diese sehr eilig und sehr wichtig war, zumindest für ihn und seine engsten Freunde, zum andern, daß der MAD auch im Faschingstrubel meine Spur nicht verloren und an ihn, den für Militärisches maßgebenden Ausschußvorsitzenden, sofort gemeldet hatte, wo ich mich gerade aufhielt. Beides sprach für die erfreulich hohe Effizienz des Apparats, zu dessen Aufbau und Erhalt ich als Steuerzahler mein Scherflein beitrug. Doch was dann folgte, sprach für etwas ganz anderes.

Dr. Zimmermann überreichte mir nämlich das Original des Briefes, den sein alter Spezi, der Minister, ihm gerade erst durch Kurier hatte zustellen lassen, dazu die beglaubigte Abschrift der »Erklärung« des abgereisten »Onkels«, bat mich dann, beides zu behalten, meinte abschließend, damit wäre die Angelegenheit wohl zu allseitiger Zufriedenheit erledigt, und wollte mich dann schon wieder verlassen. Ich hielt ihn aber noch einen Augenblick zurück mit einer Frage, den Verbleib des Herrn Dr. Dr. Brandenstein betreffend, auf die er mir, bereitwillig und korrekt, sofort antwortete. Dann brach er auf unter Hinweis auf die späte (oder frühe) Stunde, und ich blieb mit den beiden Schreiben zurück, die dem geneigten Leser nicht vorenthalten bleiben sollen.

Hier sind sie:

Urk. R. Nr. 312/1961

Auf Grund vor mir erfolgter Anerkennung beglaubige ich die umstehende Unterschrift des Herrn Dr. jur. Dr. rer. pol. Aloys Sebastian Brandenstein, Chemiker und Volkswirt, wohnhaft in Bad Godesberg, Am Stadtwald 34.

Köln, den 6. Februar 1961

Der Notar:

(L.S.
Dr. Pascal
Maubach
Notar in Köln)

gez. Unterschrift.

Die Übereinstimmung vorstehender Abschrift mit der Urschrift wird hiermit beglaubigt.

Bonn, den 17. Februar 1961

DER BUNDESMINISTER FÜR VERTEIDIGUNG 47

Beglaubigte Abschrift

Dr. Aloys Brandenstein

Bad Godesberg, den 6.2.1961
Am Stadtwald 34
Tel. 66461

E r k l ä r u n g

1. Ich, Dr. Aloys Brandenstein, von Beruf Chemiker und Volkswirt, wohnhaft in Bad Godesberg, habe im Jahr 1952 den mir nach dem Krieg noch verbliebenen Betrieb, die Maschinenfabrik Bad Aibling, Inhaber Dr. Aloys Brandenstein, aufgelöst und verkauft und bin nach Frankfurt/Main übergesiedelt.

2. Ich erkläre hiermit, daß ich mich in meiner größten Notlage in den Jahren nach 1954 an die Familie Konsul Dr. Max Zwicknagl mehrfach gewandt habe mit der Bitte, mir durch gute Referenzen und Leumundszeugnisse bei dem Neuaufbau einer Existenz behilflich zu sein, was auch durch Befürwortung bei verschiedenen Stellen geschah.

   Ich kenne die Familie Dr. Zwicknagl aus der Zeit nach dem Kriege, als Herr Dr. Zwicknagl Landtagsabgeordneter war.

3. Ich stelle gleichzeitig fest, daß ich weder zu Familie Zwicknagl noch zu Familie Strauß in irgendwelchen verwandschaftlichen Beziehungen stehe. Ich bin verschiedentlich auf eine angebliche Verwandtschaft mit diesen Familien angesprochen worden. Ich habe diesen Irrtum aber stets unverzüglich richtiggestellt.

4. Dank meiner vieljährigen internationalen Erfahrungen zu Industrie und Behörden und meiner guten früheren Beziehungen und vor allem dank meiner Grundkenntnisse habe ich mir meine heutige Existenz in der bestehenden Form geschaffen.

5. Ich sehe es als meine Verpflichtung an, allen Behauptungen entgegenzutreten, ich sei von irgendjemanden irgendwie protegiert worden resp. man habe irgendwelche Amtshandlungen zu meinen Gunsten begangen. Dies stelle ich mit besonderem Nachdruck hinsichtlich der Person und der Familien von Konsul Dr. Zwicknagl und Bundesminister Strauß fest. Gerüchte, nach denen ich z.B. von Bundesminister Strauß in dessen Flugzeug nach Portugal oder anderswohin mitgenommen wurde, sind frei erfunden.

6. Ich möchte ausdrücklich betonen, daß selbstverständlich weder Familie Dr. Zwicknagl noch Familie Strauß an meinen Geschäften in irgendwelcher Form beteiligt sind, waren oder sein werden oder von mir irgendwelche Zuwendungen resp. materielle Vorteile irgendwelcher Art erhalten haben bzw. erhalten werden.

gez. Dr. Aloys Brandenstein

Urk. R.Nr. 312/1961

Dr. h. c. FRANZ JOSEF STRAUSS
Bundesminister

BONN, 20. Februar 1961

Sehr geehrter Herr Abgeordneter!

Wie ich Ihnen bereits mündlich mitteilte, habe ich auf Grund der von gewisser Seite an mich herangetragenen Behauptungen verfügt, dass die zuständige Abteilung des BMVtdg. sowie das Bundesamt für Wehrtechnik und Beschaffung Herrn Dr. Aloys Brandenstein nicht mehr als Verhandlungspartner akzeptieren und den Firmen auf Anfrage das auch mitteilen sollen.

Als Grund für meine Verfügung habe ich angegeben, dass nach den mir gemachten Mitteilungen Herr Brandenstein sich auf gute Beziehungen zu mir bzw. meiner Familie berufen habe und der Behauptung, er hätte sogar verwandschaftliche Verbindung, anscheinend nicht energisch genug entgegengetreten ist. Ich muss allerdings darauf hinweisen, dass Herr Brandenstein nachdrücklich bestreitet, zu solchen Gerüchten auch nur irgendwelchen Anlass gegeben zu haben und sich ferner verpflichtet hat, allen Behauptungen dieser Art, auch mit allen möglichen Rechtsmitteln, entgegenzutreten.

Da diese Verfügung eine interne Hausverfügung ist, kann ich Ihnen keinen Abdruck davon zur Verfügung stellen.

Mit freundlichen Grüssen

Strauß

An den
Bundestagsabgeordneten
Herrn Dr. Friedrich Zimmermann

MÜNCHEN 19

Hengelerstr. 7

Was den so förmlichen Brief des Ministers Strauß an seinen langjährigen Duz-Freund und engsten Intimus Dr. Zimmermann anging, so war daraus zweierlei klar ersichtlich: Erstens war dem bis dahin im Ministerium ein- und ausgehenden Dr. Dr. Brandenstein unversehens ein Hausverbot zuteil geworden, was wohl zeigen sollte, daß der große Staatsmann nicht nur hilfreich und gnädig, sondern auch streng und gerecht sein konnte, und dies ohne Ansehen der Person. Zweitens aber hatte Strauß an dem »Onkel« offenbar nur eines zu bemäkeln, nämlich dessen unzureichenden Energieaufwand bei der Zurückweisung von Vermutungen – wo doch gerade diese Sparsamkeit dem Dr. Dr. Brandenstein zu seinen vielen Millionen verholfen hatte!

Der »Onkel« war hingegen in seiner »Erklärung« von hemmungslosem Bekennermut: Gewiß, er habe sich »in größter wirtschaftlicher Not« hilfesuchend an Familie Zwicknagl gewandt. Aber es sei ihm »Verpflichtung«, allen Behauptungen entgegenzutreten, er sei »von irgend jemandem irgendwie protegiert worden«. Ja, und dann dementierte er auch noch etwas, das bis dahin nur er selbst zu behaupten gewagt hatte: »Ich möchte ausdrücklich betonen, daß selbstverständlich weder Familie Zwicknagl noch Familie Strauß an meinen Geschäften in irgendwelcher Form beteiligt sind ...«

Nachdenklich nahm ich diese interessanten Zeitdokumente zu meinen Notizen und vergaß dann den heimatvertriebenen »Onkel«, den niemand haben wollte.

Doch etliche Monate später erlangte der allseits verschmähte »Onkel« plötzlich brennende Aktualität. In der Zwischenzeit hatte das Hamburger Nachrichtenmagazin, aus dessen Redaktion ich bereits ausgeschieden und zu einem Fernsehmagazin übergewechselt war, den Minister Strauß immer wieder heftig angegriffen, zunächst mit einer umfassenden politischen Attacke, dann mit einem Volltreffer in Sachen FIBAG, gefolgt von einem wochenlangen Trommelfeuer rechter und linker

Haken, das den im Nehmen sehr harten Strauß zu einem Minister für Selbstverteidigung machte. Angemerkt sei, daß die FIBAG-Affäre – es ging darum, daß eine Anzahl recht obskurer Gestalten durch Einbeziehung des CSU-Matadors und Passauer Zeitungsverlegers Kapfinger nicht nur den Anschein von Seriosität für die gemeinsame Firma, sondern auch Strauß-Protektion im Pentagon und Hundertmillionen-Aufträge erlangt hatte, wobei das Geschäft nur deshalb in die Brüche ging, weil Streit die FIBAG-Gesellschafter entzweit hatte. Angeblich forderte Kapfinger einen doppelten Gewinnanteil, da er doch mit dem Protektor teilen müsse, was nicht nur von Strauß energisch bestritten wurde, sondern auch in jeder Hinsicht unerforscht und folglich unbewiesen blieb. Der bis dahin sehr rüstige Kapfinger siechte plötzlich nur noch dahin und war zu keiner Aussage mehr fähig – eine bayerische Bilderbuchgeschichte war, die im Sommer 1962 die Spalten aller bundesdeutschen Blätter füllte. Franz (Josef) Strauß war zwar angeschlagen, stand aber noch auf beiden Beinen im Ring, und man konnte der Entscheidungsrunde nach den Parlamentsferien mit Spannung entgegensehen.

In der letzten Septemberwoche holte *Spiegel*-Herausgeber Rudolf Augstein zum K. o. aus und landete einen knallharten Treffer am vorgestreckten Kinn des robusten FJS. Und was hatte er in seinen Schwinger hineingelegt? Die Geschichte vom »Onkel Aloys«! »Der Bericht wäre nicht erschienen«, hieß es in einem separaten Augstein-Brief an die lieben *Spiegel*-Leser, »wenn Strauß seine Absicht wahr gemacht hätte, das Verteidigungsressort abzugeben und in München Ministerpräsident zu werden ...« – eine für den weißblauen Freistaat und seine Bewohner recht kränkende Einleitung, zumal Augstein fortfuhr: »Über seine (des FJS) Amtsführung (in Bonn) hätte dann der Mantel der Toleranz ausgebreitet werden können. Nicht, um Strauß nachträglich am Zeuge zu flicken, veröffentlichen wir den ›Onkel

Aloys‹, sondern um erneut die Frage aufzuwerfen, ob der Rüstungsetat... weiterhin in den Händen eines Mannes bleiben kann, der CSU-Spezis und abgebrannte Hausfreunde zu Millionären avancieren läßt...«

Ein paar Tage lang war es still im Lande. Niemand wußte, ob FJS bereits ausgezählt wurde oder Kraft zum vernichtenden Gegenschlag sammelte. Eine zaghafte Anfrage der Opposition im Bundestag, was Minister Strauß in Sachen seines »Onkels« zu sagen habe, beantwortete dessen Staatssekretär teils mit allgemeinen Redensarten, teils mit heftigen Attacken auf verabscheuungswürdige Informanten und neidische Konkurrenz-Lobbyisten. Es klang fast, als grenze Entrüstung über den »Nenn-Onkel der Frau Minister« an Verrat militärischer Geheimnisse und Landfriedensbruch. Von den Förderern des »Onkels«, zum Beispiel vom – gegen den Willen des Parlaments beförderten – General Becker, war überhaupt nicht die Rede.

Zu etwa der gleichen Zeit, am 1. Oktober 1962, erstattete ein anderer Offizier, der Würzburger Ordinarius Friedrich August von der Heydte, Reserve-Oberst der Bundeswehr und CSU-Mitglied, Strafanzeige gegen den *Spiegel* und löste damit eine umfangreiche Polizeiaktion gegen das Nachrichtenmagazin aus, die sich zur größten innenpolitischen Krise ausweitete, die die Bundesrepublik bis dahin erlebt hatte. Sie endete mit der Vertreibung des FJS aus Bonn, nachdem er schließlich hatte zugeben müssen, das Parlament dreist belogen zu haben.

Damit schien der »Onkel« Aloys Brandenstein, der sich in der Schweiz mäuschenstill verhalten hatte, endgültig vergessen. Aber der Schein trog: Zweieinhalb Jahre später meldete sich sein Fahrer Paul Scharwächter in der Illustrierten *Stern* zu Wort und wußte Erstaunliches zu berichten:

In Augenblicken heitersten Vergnügens, aber akuten Bargeldmangels habe sein Chef, Dr. Brandenstein, ihn nicht selten beauftragt, aus dem Kofferraum des Dienstwagens ein stets dort lagerndes Gepäckstück herauszunehmen. Aus diesem Koffer mittlerer Größe, der immer unter Verschluß gehalten wurde, bediente sich der Chef dann, verschloß ihn wieder und ließ ihn vom Fahrer im Kofferraum verstauen.

Scharwächter hatte bei diesen Vorgängen wiederholt deutlich gesehen, daß besagter Koffer mit Banknotenbündeln prall gefüllt war, auch miterlebt, wie sein Chef, nachdem er sich mit Bargeld wieder reichlich versorgt hatte, großzügige Lokalrunden spendierte, die Gäste der Bars und sonstigen Etablissements, in denen dies stattfand, zu weiterem Getränkekonsum auf seine Kosten animierte und auch das Personal, zumal das weibliche, in sehr großzügiger, wenn auch nicht immer ganz schicklicher Weise mit Trinkgeld versah.

Der Fahrer Paul Scharwächter hatte aber auch – so behauptete er jedenfalls und blieb bei dieser Darstellung, auch als es dann zu einer gerichtlichen Auseinandersetzung darüber kam – wiederholt seinen Chef zum Haus des damaligen Verteidigungsministers Franz Josef Strauß auf dem Bonner Venusberg gefahren, auch dort das besagte Gepäckstück weisungsgemäß aus dem Kofferraum geholt und bis zur Haustür der Minister-Villa getragen. Dabei habe er am Gewicht gespürt, daß der Koffer gut gefüllt gewesen sei. Hingegen sei er, wiederum seinem Gewicht nach, leer gewesen, wenn Dr. Brandenstein nach beendetem Besuch damit aus der Villa Strauß zum Fahrzeug zurückkehrte. Das Gericht sah in den Behauptungen des Fahrers, soweit sie sich auf den Kofferinhalt vor und nach Besuchen des »Onkels« bei Familie Strauß bezogen, natürlich nichts als haltlose Vermutungen, da Scharwächter dort ja nicht in den verschlossenen Koffer hatte blicken können, also sich keine Gewißheit über den tatsächlichen Inhalt zu verschaffen vermochte.

Wenn diese Vermutungen Scharwächters hier mitgeteilt (aber natürlich deshalb nicht geteilt) werden, so ausschließlich, um darzulegen, in welches Zwielicht der damalige Minister und spätere bayerische Ministerpräsident durch den geschwätzigen und höchst unvorsichtigen »Onkel« Aloys schon geraten war. Glücklicherweise hat das Renommee des Herrn Dr. h. c. Franz (Josef) Strauß aber keinen bleibenden Schaden genommen, sondern diese Geschichte hat ihm in Bayern das höchste daselbst zu vergebende Kompliment eingetragen:

»Dös is' a Hirsch!«

Das andere Bayern

Am 17. September 1879, knapp ein Jahr nach Inkrafttreten des Gesetzes »wider die gemeingefährlichen Bestrebungen der Sozialdemokratie«, mit dem Bismarck die noch junge, aber erstarkende deutsche Arbeiterbewegung lähmen und vor allem mundtot machen wollte, schrieb deren unbestrittener Führer an einen Parteifreund in Stuttgart:

»Was vom 1. Oktober an in Z. erscheint, werden Sie wohl schon auf anderem Wege erfahren haben. Jedenfalls ist es ein neues Mittel, die so schon hochgradige Nervenüberreizung unserer Gegner noch mehr zu steigern.

Gruß und Handschlag von Ihrem August Bebel.«*

Was dann bereits vom 28. September 1879 an wöchentlich in Z(ürich) erschien, führte den unmißverständlichen Namen *Der Socialdemokrat* und erfüllte die Prophezeiung Bebels, was die Aufregung betraf, die das Auftauchen des neuen illegalen Blattes im ganzen Regierungslager hervorrief. Es war erst in zweiter Linie der Inhalt der Zeitung, der die Behörden der deutschen Länder empörte und ihre Polizei zu fieberhafter Aktivität anstachelte. Das Frappierende und zugleich für die verbotene Partei propagandistisch Wirksamste war in erster Linie der glänzend funktionierende Vertrieb.

Ein Großteil der Auflage ging von Züricher Postämtern und Bahnhöfen aus an ständig wechselnde Adressen in Deutschland – als Büchersendungen, Broschürenposten oder Expreßgut. Ein weiterer Teil wurde im kleinen Grenzverkehr eingeschmuggelt oder nachts in Kähnen über den Bodensee gerudert. Von den Grenzor-

* zitiert nach dem Original in der Handschriftensammlung des Autors.

ten und Großverteilern in Deutschland wurden die Kleinverteiler beliefert, die dann in den einzelnen Städten und Landkreisen für die pünktliche Zustellung der Zeitung an ihre Abonnenten sorgten. Später wurden zur Erleichterung des Vertriebs der ständig steigenden Auflage ein halbes Dutzend Geheimdruckereien in Deutschland eingerichtet, die allwöchentlich mit den aus der Schweiz gelieferten Druckplatten die Zeitung herstellten, deren Exemplare über Hunderte von Vertrauensmännern und Tausende von örtlichen Verteilern in kürzester Zeit ihren Weg zu den Lesern fanden. In den mehr als zehn Jahren, in denen *Der Socialdemokrat* in ganz Deutschland verbreitet wurde, gelang es der fieberhaft danach fahndenden Polizei nur ein einziges Mal, einen Großteil der Auflage abzufangen. Doch mit nur 48 Stunden Verzögerung gelangte ein Nachdruck mit der Balkenüberschrift »Trotz alledem! Ersatz für das Gestohlene« an alle Bezieher.

Das Blatt, das mit »Schärfe und Entschiedenheit« redigiert wurde und nach den Vorstellungen Bebels »die Partei wieder auf Vordermann bringen« sollte, hatte in den ersten Jahren einen jungen Mann zum Chefredakteur, der das genaue Gegenteil dessen war, was man sich in deutschen Hof- und Regierungskreisen, in der »besseren« Gesellschaft und bei den Polizeibehörden unter einem »roten Agitator« vorstellte:

Er war kein Kind armer Leute, sondern Sohn eines höheren Ministerialbeamten von Adel, kein Autodidakt, sondern Absolvent einer Klosterschule der Benediktiner, der dann das Polytechnikum besucht und schließlich an der berühmten Pariser École de droit Staatswissenschaft studiert hatte. Er war auch kein mißratener oder gestrauchelter Außenseiter, vielmehr ein hochtalentierter, großer und stattlicher Mann, der zunächst Offizier, sogar bei der Schweizergarde des Papstes, dann höherer Beamter im Verkehrsministerium geworden war. Alle Türen hatten ihm offengestanden, zumal er im Feldzug gegen Frankreich 1870 schwer verwundet worden war. Aber dann hatte dieser Liebling der Gesellschaft 1876 zum Entsetzen seiner Familie, des Hofes und aller Honoratioren seiner Heimatstadt nicht nur mit der katholischen Kirche, sondern mit allen damals in seinem Heimatland herrschenden Autoritäten gebrochen und war Mitglied der verfemten Sozialistischen Arbeiterpartei geworden!

Der Name dieses aus alter bayerischer Beamtenfamilie stammenden Münchners war Georg v. Vollmar. Als Siebenundzwanzigjähriger übernahm er dann im Auftrag August Bebels, der in ihm einen der großen Hoffnungsträger der Partei sah, die Redaktion des in Dresden erscheinenden *Volksboten*. Durch die Radikalität und Schärfe seiner Artikel kam er rasch in Konflikt mit den sächsischen Behörden. Während er gerade im Gefängnis eine Strafe verbüßte, trat das Bismarcksche Ausnahmegesetz gegen die Sozialdemokratie in Kraft. Der *Volksbote* mußte sein Erscheinen einstellen, und Georg v. Vollmar, bald darauf aus der Haft entlassen, war nun arbeitslos. Zudem wiesen ihn die sächsischen Behörden als »lästigen Landfremden« aus.

Auf Bebels Rat hin ging er nach Zürich, nutzte die Zeit zu Studien, wartete aber auch schon mit wachsender Ungeduld auf das Startzeichen, die Leitung des neuen, illegalen Zentralorgans der Partei zu übernehmen.

Im September 1879 war es dann soweit. Bebel schärfte ihm noch einmal brieflich ein, in seinen Artikeln »ganz entschieden« gegen alle kleinmütigen Zauderer und Beschwichtiger Front zu machen und eine klare Parteilinie erkennbar werden zu lassen. Aber Georg v. Vollmar schoß weit über das Ziel hinaus! Zum Entsetzen Bebels – aber auch zum Ärger von Marx und Engels, die von London aus die Entwicklung verfolgten – forderte der junge Chefredakteur des Zentralorgans wiederholt zur »revolutionären Aktion«, zum Losschlagen und zum »Zerschmettern des Klassenfeindes« auf!

Im Gegensatz zu v. Vollmar sah Bebel die Dinge realistischer. Es galt, die Organisation der Partei unter dem Ausnahmegesetz zu erhalten und auszubauen, den propagandistischen Erfolg zu nutzen, den das allwöchentliche Erscheinen des *Socialdemokrat* bewirkte, bei den kommenden Wahlen immer mehr Stimmen zu gewinnen und die Partei so stark und selbstbewußt zu machen, daß sie zu einer Kraft würde, an der niemand mehr vorbei konnte. Für revolutionäre Aktion sah er nicht die geringste Chance; bei einem Kampf mit dem preußischen Militär konnte es kein anderes Resultat geben als ein furchtbares Blutbad und eine vernichtende Niederlage. Auch war die sozialdemokratische Partei nur im Großraum Berlin, in Sachsen, in und um Hamburg sowie in anderen norddeutschen Hafenstädten, in Wuppertal und im Bergischen Land sowie in Nürnberg und Umgebung zahlenmäßig gut vertreten. Die rein landwirtschaftlichen Gegenden Deutschlands und die Gebiete mit überwiegend katholischer Bevölkerung hatten die Sozialdemokraten bislang ihren Gegnern überlassen müssen. Nur in Köln, Augsburg und München war es ihnen gelungen, Fuß zu fassen.

Was sollte also das Gerede vom »Losschlagen«?

Bebel sorgte dafür, daß Georg v. Vollmar die Chefredaktion des *Socialdemokrat* abgeben mußte, und er wusch seinem erklärten Liebling kräftig den Kopf. Aber er nahm ihn auch in Schutz gegen alle, die ihn gemaßregelt, womöglich aus der Partei ausgeschlossen wissen wollten. Denen erklärte Bebel, auf ein so großes politisches Talent wie Vollmar könne und dürfe die Sozialdemokratie nicht verzichten!

Dann gebot er Georg v. Vollmar, sich auf die Parlamentsarbeit vorzubereiten, ein Reichstagsmandat zu erobern und nach ein paar Jahren Erfahrung dieser Art daranzugehen, in seiner bayerischen Heimat eine starke Parteiorganisation aufzubauen und deren Führung zu übernehmen.

Georg v. Vollmar fügte sich den Weisungen des alten Kämpen. Von 1881 an gehörte er dem Reichstag, daneben auch dem sächsischen Landtag an. Auch das Reichstagsmandat holte er sich zunächst in Sachsen, im Wahlkreis 15 (Mittweida), aber 1884 kehrte er in seine Heimatstadt München zurück und trat dort im Wahlkreis 2 (Oberbayern) an.

Wie er über seine Heimat, das eigentliche oder Altbayern, und die Bewohner des Landes zwischen Donau und Alpen, Lech und Inn dachte, ist einem Brief zu entnehmen, den er 1894 an den Parteihistoriker Franz Mehring schrieb:

»Es existieren erheblich geringere Einkommensunterschiede als anderwärts, weniger Luxus und Bettelarmut. Kurz, die Verhältnisse sind einfacher und nicht so ins Extrem getrieben«, was durchaus stimmte, denn in Altbayern gab es weder Magnaten wie die Pleß, Schaffgotsch oder Tiele-Winckler, denen halb Schlesien samt den Zechen und Fabriken gehörte, noch, wie im Ruhrgebiet, steinreiche Schwerindustrielle wie die Krupp, Thyssen oder Haniel.

Die acht Reichsten im Königreich Bayern – König Ludwig III. mit 300 Millionen Goldmark Vermögen stand an der Spitze, gefolgt von Fürst Guido Henckel von Donnersmarck (290 Millionen), der zwar in Rottach-Egern lebte, aber seine riesigen Besitztümer in Oberschlesien hatte; Fürst Albert von Thurn und Taxis (270 Millionen), der in Regensburg residierte, dessen Latifundien allergrößtenteils außerhalb Altbayerns lagen; Adolf Josef Fürst zu Schwarzenberg (119 Millionen), der in Mittelfranken, vor allem aber in Böhmen sehr begütert war und sich meist in Wien aufhielt; Marie Adelheid Großherzogin von Luxemburg (55 Millionen), der Schlösser und ausgedehnte Jagdreviere bei Tölz zu eigen waren, deren Wohnsitz jedoch in Luxemburg lag; Wilhelm Freiherr von Heyl zu Herrnsheim (45 Millionen), ein reicher Fabrikant aus Worms, der im bayerischen Schwaben großen Landbesitz hatte; Frau Else v. Michael geborene Haniel (40 Millionen), eine reiche Erbin aus der Ruhrgebiets-Dynastie, die einen mecklenburgischen Rittergutsbesitzer zum Ehemann, ihren Wohnsitz aber in Berchtesgaden, Villa Doris, hatte; Karl Fürst und Herr zu Öttingen-Öttingen und Öttingen-Wallerstein, reich begütert außerhalb Altbayerns und mit Wohnsitz auf Schloß Wallerstein in Schwaben sowie in Wien –, samt und sonders waren sie, wenn man vom König absieht, außerhalb Altbayerns reich und meist auch wohnhaft und hielten sich, wenn überhaupt, dort nur als Sommergäste auf. Und auch unter den nächsten sechzig reichsten Leuten Bayerns mit – beim Finanzamt deklarierten! – Vermögen zwischen 30 und 10 Millionen Goldmark gab es nur ein halbes Dutzend altbayerische Multimillionäre: den (geisteskranken) Ex-König Otto auf Schloß Fürstenried (15 Millionen), drei Mitglieder der Brauereibesitzerfamilie Sedlmayr in München (zusammen 65 Millionen), den Kommerzienrat Wilhelm v. Finck vom Bankhaus Merck, Finck & Co. in München (16 Millionen), den Freiherrn Theodor v. Cramer-Klett auf Hohenaschau und Wessobrunn (30 Millionen) und den Grafen Hans-Veit zu Törring-Jettenbach auf Schloß Seefeld am Starnberger See (25 Millionen). An 61. Stelle der Reichsten Bayerns stand dann der Universitätsprofessor Geh. Hofrat Dr. Alfred Pringsheim, München, Arcisstr. 12, der Schwiegervater Thomas Manns.

Doch zurück zu dem Brief Georg v. Vollmars an Franz Mehring, worin es über die Altbayern weiter heißt: »... Infolge des ausgeprägten demokratischen Gefühls ist geringerer Klassenhaß, weniger Absperrung und Überhebung, aber Verkehr auf gleichem Fuß vorhanden, ... keine Spur von Unterwürfigkeit.«

Das traf tatsächlich zu (und tut das heute noch). Es läßt sich am besten erklären am Beispiel des Verhaltens Tegernseer Bauern und Honoratioren gegenüber dem damals Allerreichsten, dem König Ludwig III. (wodurch zugleich die Bedeutung des altbayerischen Konjunktivs erläutert wird): Im Tegernseer Bräustübl herrschte (und herrscht noch heute) unbeschreiblicher Lärm; man konnte (und kann) sich nur schreiend verständigen, und man sah (und sieht) auch nur wenig, denn der niedrige Raum mit den einfachen Holztischen und -stühlen war (und ist) stets überfüllt, schwach beleuchtet und von Tabaksqualm durchzogen. Irgendwann bemerkte einer in der Runde, daß jemand neben ihm saß, den er nicht kannte – kein Fremder, denn er trug sich genauso gekleidet wie alle anderen, hatte den Hut mit dem Gamsbart nicht abgenommen, trank seine Maß und schien interessiert zuzuhören, was da so geredet (geschrien) wurde.

»Und wer warst nacha du?«, fragte der Einheimische den Unbekannten (was sich übersetzen läßt mit der höflichen Frage: Wer wärest du, wenn du es mich nachher wissen ließest?). Die prompte Antwort lautete: »I war der Kini« (was wiederum kein Perfekt, sondern ein Konjunktiv ist und bedeutet: Ich wäre, falls niemand etwas dagegen hat und ihr es mir freundlicherweise abnehmt, der König). Darauf die Runde: »Ja, griaß di, Kini! Kimm in d'Mitt'n!«

Soweit der altbayerische, durchaus respektvolle, aber keineswegs unterwürfige Umgang mit Höhergestellten, auch dem eigenen Monarchen, und der ebenfalls altbayerische Gebrauch des Konjunktivs. In v. Vollmars Brief aber heißt es weiter: »Hier (in Altbayern) regt sich noch ein rauhes Bauernvolk. Keine Spur von Spekulation und Grübelei. Der formale Bildungstrieb ist gering. Die Religion wirkt lediglich als Gewohnheit und Kunst. Die Politik wird lediglich mit dem Gefühl erfaßt, für Theorien fehlt fast der Sinn.«

Als Georg v. Vollmar dies schrieb, war er nicht nur bereits der anerkannte Führer der bayerischen Sozialdemokraten, der dann achtundzwanzig Jahre lang ununterbrochen den Wahlkreis 2 (Oberbayern) im Reichstag vertrat, sondern hatte sich auch vom wilden Revolutionär zum reformerischen Parlamentarier gewandelt und im Münchner »Eldorado«-Saal wiederholt für ein friedliches Hineinwachsen in den Staat plädiert. Sehr zum Ärger August Bebels, der seinen einstigen Favoriten dafür heftig tadelte, trat Vollmar dann auch für eine Zusammenarbeit mit den bürgerlichen Parteien ein und sah die Aufgabe der Sozialdemokratie vor allem in der Durchsetzung sozialer Reformen und einer volksnahen Zoll- und Preispolitik.

Bebels Mahnungen nützten nichts. Vollmar – nach Hedwig Wachenheims Beschreibung »durch Größe und Haltung, Stimmgewalt ... und vornehmes Auftreten ein Redner, der Aufsehen erregte und Eindruck machte« – wich von seinen Münchner Reden nicht ab, bestritt jedoch energisch, die Prinzipien der Partei verleugnet zu haben. Der Bruch mit der Partei schien unvermeidlich, aber Bebel gelang es, die Gegensätze zu überbrücken. An den österreichischen Sozialistenführer Victor Adler schrieb er, v. Vollmar könnte nicht aus der Partei ausgeschlossen werden, »ohne einen großen Teil unserer Leute vor den Kopf zu stoßen... Das Solidaritätsgefühl der Masse ist zu groß, als daß wegen bloßer Meinungsverschiedenheiten, solange diese nicht prinzipiell und unüberbrückbar sind, eine Spaltung gutgeheißen wird ...«

So blieb alles, wie es war: Bebel und die außerbayerische Sozialdemokratie gaben sich weiter klassenkämpferisch, v. Vollmar aber ließ am 1. Juni 1894 im bayerischen Landtag seine Fraktion erstmals dem Haushaltsentwurf der Landesregierung zustimmen, wofür er eine Reihe von Zugeständnissen an die kleinen Leute durchsetzen konnte. Im September beantragte und erhielt er für dieses bis dahin unerhörte Vorgehen die Zustimmung des Landesparteitags der bayerischen Sozialdemokraten, die Proteste aus der übrigen Partei nahm er gelassen hin. Seine Popularität in München und Südbayern war außerordentlich groß, und er tat alles, sie noch zu vergrößern. Im Landtag erklärte er unter starkem Beifall: »Wir sind Föderalisten, natürlich auf demokratischer Grundlage, und als Föderalisten wollen wir auch Bayerns relative Selbständigkeit erhalten!« Den regierenden Klerikalen und Christlichsozialen warf Vollmar vor, daß sie zwar wegen formeller Vorgänge stets Gefahr für die Selbständigkeit Bayerns witterten, aber immer dann, »wenn Bayern für Volksinteressen und Kulturfortschritte eintreten könnte und sollte«, sei die bayerische Regierung in der Regel »nichts als der Zähler hinter dem Nenner Preußen, die Null hinter der Eins!«

Während des Ersten Weltkriegs zog er sich mehr und mehr von der Politik zurück, denn seine schwere Verwundung aus dem Krieg 1870/71 machte ihm erheblich zu schaffen. Von 1917 an war er fast ständig bettlägerig, legte schließlich zu Beginn des Jahres, das ihn ans Ziel seiner politischen Hoffnungen und an die Spitze der Regierung Bayerns hätte bringen können, alle Mandate und Ämter nieder.

Seine letzten Lebensjahre verbrachte er auf seiner Besitzung Soiensaß am Walchensee und nahm seine frühere schriftstellerische Arbeit wieder auf. Eine seiner Veröffentlichungen trug den Titel »Waldverwüstung und Überschwemmung« und befaßte sich mit den enormen Gefahren für die Landwirtschaft und das Klima Südbayerns, die die »Waldverwüstung« mit sich bringe.

Er starb am 30. Juni 1922 in Soiensaß an den Spätfolgen seiner Verwundung. Zu dieser Zeit war Bayern bereits ein Freistaat, wenngleich schon wieder fest in der Hand der Konservativen und Klerikalen, die aus Bayern die »Ordnungszelle« des Deutschen Reiches machten und der aufkommenden Nazi-Bewegung des schriftstellernden Österreichers Adolf Hitler viel Narrenfreiheit gaben.

Zuvor aber hatte ein anderer die Wittelsbacher gestürzt, die seit achthundert Jahren Bayerns Herrscher gewesen waren. Dieser Mann, der keine Organisation, keine Partei, keine bewaffnete Macht hinter sich, auch keinerlei Mandat hatte und dennoch den König und die Regierung von Bayern stürzen und an deren Stelle treten konnte, war das Gegenteil eines Revolutionärs und erst recht das Gegenteil dessen, was man sich unter einem bayerischen Volksführer vorstellt. Er war Preuße, gebürtiger Berliner, Sohn eines jüdischen Hoflieferanten von Orden und Militäreffekten mit elegantem Geschäft Unter den Linden, streng preußisch-konservativ erzogen, aber gebildet und geistreich, erst wenige Jahre in München und dort in der Schwabinger Boheme angesiedelt, ein Kaffeehaus-Literat mit Schlapphut, Kneifer und struppigem Vollbart: Kurt Eisner.

Er hatte sich nach beendetem Studium als Journalist und freier Mitarbeiter bürgerlicher Zeitungen betätigt und war 1897 wegen einer Veröffentlichung mit der Justiz in Konflikt geraten. Es war einer der damals zahlreichen Majestätsbeleidigungsprozesse, und Eisner wurde zu neun Monaten Haft verurteilt, dem üblichen Strafmaß für Kaiser-Kritiker aus dem gehobenen Bürgertum.

Durch Eisners feste antimilitaristische Haltung in diesem Verfahren wurden Wilhelm Liebknecht und August Bebel auf ihn aufmerksam, ein Gespräch kam zustande, Eisner trat der SPD bei und wurde Redakteur des Zentralorgans *Vorwärts* in Berlin. Er gehörte damals eher dem rechten, gemäßigten und revisionistischen Flügel der Partei an und mußte 1905 die *Vorwärts*-Redaktion verlassen, arbeitete dann bis 1910 bei der sozialdemokratischen *Fränkischen Tagespost* in Nürnberg und siedelte schließlich nach München über, wo er für die SPD-Zeitung *Münchner Post* schrieb und ein *Arbeiter-Feuilleton* herausgab, das fast alle sozialdemokratischen Blätter Deutschlands nachdruckten.

Zu dieser Zeit hatte er sich längst vom Revisionismus gelöst und eigene Ideen entwickelt für einen freiheitlichen Sozialismus als einen dritten Weg zwischen dem dogmatischen Marxismus, wie ihn Kautsky noch verfocht, und dem Revisionismus, wie ihn Eduard Bernstein theoretisch begründete und Georg v. Vollmar längst praktizierte.

Der Ausbruch des Ersten Weltkriegs isolierte Eisner innerhalb der bayerischen Sozialdemokratie, die auf »Vaterlandsverteidigung« eingeschworen war, während er ein entschiedener Gegner des preußischen Militarismus blieb und die Kaisertreue seiner Genossen als Verrat an den Prinzipien der Partei ansah.

So beschränkte Kurt Eisner fortan seine politischen Kontakte auf die Deutsche Friedensgesellschaft und den ebenfalls pazifistischen Bund Neues Deutschland. Im April 1917 nahm er auch an der Gründung der Unabhängigen Sozialdemokratischen Partei (USPD) in Gotha teil, lehnte es aber ab, deren Organisator in München zu werden.

Im Januar 1918 beteiligte sich Eisner führend am Münchner Munitionsarbeiterstreik und kam deshalb bis Mitte Oktober 1918 in Haft. Bald darauf schlug seine große Stunde: Er machte die bayerische Revolution!

»Tatsächlich, er machte sie«, hat der scharfsinnige Sebastian Haffner dazu bemerkt. »Die November-Revolution in München war eine Ein-Mann-Schau ... unter der Regie von Kurt Eisner und mit dem Regisseur Eisner in allen Hauptrollen ... (Er war) in gewissem Sinne auch der Ebert der Münchner Revolution – insofern nämlich, als er der einzige war, der genau wußte, was er wollte, und es auch durchzusetzen verstand.«

Die Revolution in München kam der in Berlin um zwei Tage zuvor, und sie begann mit einer friedlichen Massenkundgebung auf der Theresienwiese an einem Donnerstagnachmittag, dem 7. November 1918. Die Regierung hatte sie genehmigt, die von der SPD organisierte Veranstaltung sollte dazu dienen, daß die mürrischen und hungrigen Arbeiter »Dampf ablassen« konnten, wie es der Polizeipräsident formuliert hatte. Auer, Nachfolger v. Vollmars, habe »seine Leute fest in der Hand«, da werde »nix passieren auf der Wies'n«.

So war es auch anfangs. Auer hielt eine glänzende Rede gegen den Krieg und für baldigen Frieden, gegen den Hunger und die Regierung und für die nun bald kommende Demokratie, und dann zog er mit einem Großteil der Kundgebungsteilnehmer ab, in langem Zug durch die Innenstadt zum Friedensengel.

Aber dann ergriff Kurt Eisner die Initiative. In einer kurzen, zündenden Ansprache erklärte er, nun sei es Zeit zum Handeln, und dann marschierte er mit einem ebenso langen Zug in die entgegengesetzte Richtung, in den Münchner Norden, zu den Kasernen.

Eisner wußte, daß es entscheidend darauf ankam, wie sich die Truppen der Garnison verhielten. Sie mußten, sollte der Umsturz gelingen, auf die Seite der Revolutionäre gezogen werden, und dies gelang ihm in einer Kaserne nach der anderen. Sozusagen im Alleingang schaffte er es, das gesamte Militär für seinen Staatsstreich zu gewinnen. Einigen Offizieren, die halbherzige Einmischungsversuche unternahmen, riet er, lieber alles zu tun, um Blutvergießen zu vermeiden, sich auch um den greisen König zu kümmern und ihn zu bewegen, abzudanken und sich auf ein abgelegenes Schloß zurückzuziehen. Tatsächlich nahm Ludwig III. noch am selben Abend, nur leise murrend, Abschied vom Thron und von seiner Hauptstadt.

Noch in der Nacht vom 7. auf den 8. November konstituierte sich unter Eisners Leitung im Matthäserbräu der erste Arbeiter- und Soldatenrat, der sich dann zum Rat der Arbeiter, Soldaten und Bauern erweiterte, noch in der Nacht ins Landtagsgebäude umzog, das – wie inzwischen alle öffentlichen Gebäude der Hauptstadt – fest in der Hand bewaffneter Soldaten war, und dort Bayern zum Freistaat und seinen Vorsitzenden Eisner zum neuen Ministerpräsidenten proklamierte!

Am nächsten Morgen war bereits überall eine Bekanntmachung »An die Bevölkerung Münchens!« plakatiert.

Darin wurde mitgeteilt, daß Bayern nun ein demokratischer und sozialer Freistaat sei; eine konstituierende Nationalversammlung, zu der alle mündigen Männer und erstmals auch alle Frauen das Wahlrecht haben sollten, würde so bald wie möglich einberufen werden. Strengste Sicherung der Ordnung wurde befohlen, die rücksichtslose Unterdrückung jeder Ausschreitung angedroht, die Sicherheit der Person und des Eigentums garantiert. Die Bauern, hieß es weiter, verpflichteten sich, die Lebensmittelversorgung der Stadt zu gewährleisten. Die letzten Sätze der Proklamation aber lauteten:

»Arbeiter, Bürger Münchens! Vertraut dem Großen und Gewaltigen, das in diesen schicksalsschweren Tagen sich vorbereitet! Helft alle mit, daß sich die unvermeidliche Umwandlung rasch, leicht und friedlich vollzieht! Jedes Menschenleben soll heilig sein.

Bewahrt die Ruhe und wirkt mit an dem Aufbau der neuen Welt! Der Bruderkrieg der Sozialisten ist für Bayern beendet. Auf der revolutionären Grundlage, die jetzt gegeben ist, werden die Arbeitermassen zur Einheit zurückgeführt!

Es lebe die bayerische Republik!
Es lebe der Frieden!
Es lebe die schaffende Arbeit aller Werktätigen!

München, Landtag, in der Nacht
zum 8. November 1918.
– Der Rat der Arbeiter, Soldaten und Bauern –
Der Erste Vorsitzende: Kurt Eisner.«

Am nächsten Morgen – er hatte kaum mehr als ein paar Stunden geschlafen – führte Eisner wichtige Besprechungen: mit dem königlichen Ministerpräsidenten

Otto v. Dandl, der unter Protest seinen Amtssitz räumte; mit Auer, dem SPD-Führer, der sich zähneknirschend als Innenminister unter Eisner zur Verfügung stellte; mit den mächtigen Bauernführern, auf deren Kooperation er angewiesen war, sollte die Versorgung Münchens nicht zusammenbrechen. Am Nachmittag konnte er auf der ersten Vollsitzung des »Provisorischen Nationalrats« sein neues Kabinett präsentieren, und damit war in weniger als vierundzwanzig Stunden die in einem rasanten Alleingang durchgeführte Revolution auch bereits abgeschlossen. Kein Schuß war gefallen, kein Tropfen Blut vergossen worden, und Kurt Eisner, immer noch Regisseur und Akteur in einem, hielt alle Fäden fest in der Hand. Er hielt dann eine – wie selbst der sehr kritische amerikanische Historiker Allan Mitchell zugeben mußte – »für einen Mann, der um einen guten Teil seines Nachtschlafs gekommen war, erstaunlich fließende Rede«.

Sie war indessen nicht nur fließend, sondern zeugte von wahrhaft staatsmännischer Größe.

Die demokratischen Formen des neuen Freistaats, sagte er, müßten der verfassungsgebenden Nationalversammlung überlassen bleiben, die »in Zeiten ruhigerer Entwicklung« gewählt und einberufen werden sollte. Inzwischen müsse das Volk durch »die elementaren Triebkräfte« der Räte für einen sichtbaren Neubeginn sorgen, für eine völlige Abkehr vom Alten, vor allem von der verbrecherischen, menschenverachtenden Kriegspolitik der Führungsschichten des Kaiserreichs. Denn nur so sei ein für das Vaterland erträglicher Friede vielleicht noch zu erreichen.

»Einer Regierung, die alle Verantwortlichkeiten der Vergangenheit mit übernommen hat«, erklärte Kurt Eisner mit deutlichem Seitenblick auf Friedrich Ebert und die Mehrheitssozialisten in Berlin, deren Vertreter in die kaiserliche Regierung eingetreten waren, drohe »ein fürchterlicher Friede, ein Rache-Friede«.

Eisner sollte mit diesen Befürchtungen recht behalten. Doch seine Bemühungen, durch einen radikalen Wandel im Innern und durch Kontakte nach außen, vor allem zu einflußreichen Amerikanern, die Gefahr eines Friedensdiktats der Sieger zu vermeiden, wurden von Ebert und Scheidemann, denen tags darauf, am 9. November 1918, die Macht in Berlin ohne eigenes Zutun in den Schoß fiel, für »Spinnerei« gehalten und desavouiert. Sie fanden Eisners klares Abrücken von der kaiserlichen Kriegspolitik und dessen Schuldzuweisungen an die Kriegstreiber und Annexionisten in Berlin geradezu »nestbeschmutzend«.

Es kann dahingestellt bleiben, ob Kurt Eisners bayerischer Freistaat radikaldemokratischer, pazifistischer und humanistisch-sozialistischer Prägung Aussicht gehabt hätte, sich gegen eine siegreiche Konterrevolution im übrigen Deutschland auf die Dauer zu behaupten. Doch zweifellos war Kurt Eisner der einzige Politiker im damaligen Deutschland, der ein Gespür dafür hatte, was die Menschen wollten, und der diesen Wünschen politische Wirkung zu geben verstand. Der bedeutendste Historiker der deutschen Revolution von 1918, Arthur Rosenberg, hat Eisner deshalb den »einzigen schöpferischen Staatsmann« dieses Zeitabschnitts genannt.

Nur ein knappes Vierteljahr lang war es Eisner noch vergönnt, »seine« Revolution friedlich und ohne Blutvergießen zu konsolidieren. Dann wurde er selbst ihr erstes Opfer: Am Morgen des 21. Februar 1919 begab sich Eisner zum Landtag, wo er, da seine USPD die Wahlen verloren hatte, seinen Rücktritt vom Amt des Ministerpräsidenten erklären wollte, wie er es als guter Demokrat für selbstverständlich hielt. Vorsitzender des Rates der Arbeiter, Soldaten und Bauern gedachte er hingegen zu bleiben, und mit diesem Kontrollorgan der Revolution im Rücken wollte er der künftigen bürgerlichen Regierung auf die Finger sehen.

Doch wenige Schritte vom Landtag entfernt wurde

Kurt Eisner von einem jungen Mann durch zwei Revolverschüsse aus nächster Nähe getötet.

Der Mörder, Anton Graf Arco auf Valley, war aus der »Thule-Gesellschaft«, der Münchner Keimzelle der Nazibewegung, ausgeschlossen worden, weil er dort verschwiegen hatte, daß seine Mutter, eine geborene Freiin v. Oppenheim, jüdischer Abstammung war. Mit dem Attentat wollte er, so erklärte er später, seinen ultrarechten Freunden beweisen, daß er »dennoch einer heldischen Tat fähig« sei.

Der heimtückische Mörder wurde von der bayerischen Justiz, wie das Gesetz es befahl, zum Tode verurteilt, aber – wie hätte es anders sein können? – sofort zu Haft begnadigt und nach einigen Jahren sehr gelinden Freiheitsentzugs freigelassen. Er kam erst 1945 bei einem Autounfall ums Leben.

Die Untat löste in München, dann auch in ganz Südbayern, Bestürzung, Wut und Trauer aus. Die Beerdigung des Ermordeten wurde zu einer Massendemonstration dieser Gefühle. Hunderttausende folgten dem Sarg in einem schier endlosen Zug oder bildeten an den Straßenrändern Spalier. Der Weg des Trauerkondukts war ein Meer von Blumen. Viele weinten hemmungslos. Auch die Landbevölkerung nahm regen Anteil: Abordnungen der Bauernbünde in heimischer Tracht, Holzknechte mit geschulterter Axt und Gebirgsschützen mit ihren Spielmannszügen marschierten ernst und feierlich im Trauerkondukt. So gaben sie dem »jüdischen Kaffeehaus-Literaten aus Preußisch-Berlin«, wie seine Feinde ihn nannten, das letzte Geleit.

Unter denen, die um Eisner trauerten, war auch ein berühmter, als gänzlich unpolitisch geltender Dichter: Rainer Maria Rilke. Er hatte sich nach der Ausrufung des Freistaats Bayern durch Kurt Eisner diesem zur Verfügung gestellt und bereit erklärt, ein »sozialistisches Lehrerblatt herauszugeben«, um damit »gegen Rückständigkeit und Reaktion alle jene Schulmänner zusammenzufassen, ... denen es dringend ist, die Schule nicht im unbeweglichen Geiste fortbestehen zu lassen ... Es müßte sich«, schrieb Rilke damals an den Dreiländer-Verlag, dem er sein Projekt empfahl, »um eine rasche Verwirklichung handeln. Gelänge sie, so würde Bayern auch in dieser Richtung vorausgegangen sein ...«

Am 1. Mai 1919, als die konterrevolutionären Truppen aus dem Norden in München einmarschierten und Eisners gewaltlosem Umsturz wie auch dem unblutigen Chaos, das seiner Ermordung folgte, ein nunmehr äußerst blutiges und grausames Ende bereiteten, wurde Rilke in aller Frühe durch Kolbenschläge gegen seine Tür geweckt und nach einer Haussuchung aus seiner Wohnung im obersten Stockwerk des Hauses Ainmillerstraße 34 zur nächsten Polizeiwache geschleppt. Man beschuldigte den Dichter, er hätte aus seinem Fenster mit einem Maschinengewehr auf die einrückenden »Ordnungstruppen« geschossen! Zwar war diese groteske Anschuldigung völlig aus der Luft gegriffen, aber in München wurden damals auf bloßen Verdacht hin, ja oft nur, weil sie wie »Rote« aussahen, völlig Unschuldige reihenweise erschossen. Gegen Rilke lagen immerhin Beweise seiner engen Beziehungen zu Führern der Revolution und der Räterepublik vor: eine Porträtaufnahme Kurt Eisners mit herzlicher handschriftlicher Widmung; ein Fotoalbum, darin auf einem Bild Rilke neben Ernst Toller, dem Dichter und letzten Vorsitzenden des Arbeiter-, Soldaten- und Bauernrats, zu sehen war, vor allem aber ein Anschlag an Rilkes Wohnungstür, den dieser rechtzeitig zu entfernen vergessen hatte, wonach seine Wohnung unter den besonderen Schutz der Räteregierung gestellt war, und dieses kompromittierende Dokument trug auch noch die Unterschrift von Ernst Toller!

Alfred Wolfenstein, dem damals in München lebenden expressionistischen Lyriker, der sich später im Exil das Leben nahm, gelang es damals, Rilke wieder freizubekommen. Rilke setzte sich dann seinerseits für Oskar Maria Graf ein, den die »Ordnungstruppen« verschleppt hatten und der in großer Gefahr war, denn er war mit den Führern der Räterepublik eng befreundet, zudem als »Roter« bekannt.

Oskar Maria Graf, ein Urbayer, 1894 in Berg am Starnberger See geboren und dort aufgewachsen, hatte zunächst wie sein Vater Bäcker werden sollen. Er lief aber davon und fand in Münchner Künstlerkreisen Aufnahme. 1913 war er erstmals mit Aufsätzen in Zeitungen und Zeitschriften hervorgetreten.

1915 war Graf zum Militär einberufen worden und hatte aus seiner pazifistischen Einstellung keinen Hehl gemacht. Wegen Befehlsverweigerung wurde er zunächst zum Tode verurteilt, dann als geisteskrank in eine Anstalt eingewiesen. Als geheilt entlassen, beteiligte er sich an der illegalen Antikriegsbewegung, am Munitionsarbeiterstreik, schließlich an Eisners gewaltloser Revolution.

Dank Rilkes Fürsprache kam Oskar Maria Graf nach einigen Wochen wieder frei. Ernst Toller hingegen erging es weit schlechter. Nach dem Einzug der »Ordnungstruppen« führte er das Leben eines Gehetzten. Er selbst hat diese Münchner Tage später so beschrieben: »Wohin soll ich? Erschießungen, Mißhandlungen, Verhaftungen haben die Mutigsten eingeschüchtert. Endlich, am Abend, ist eine junge Frau bereit, mich für eine Nacht in der Wohnung ihrer Eltern unterzubringen...

– Mein Vater hat nichts gemerkt, aber noch eine Nacht können Sie nicht bleiben!

– Wissen Sie jemand?

– Vielleicht nimmt Rainer Maria Rilke Sie auf. Ich werde ihn fragen. Am Nachmittag kommt Rilke...«

Doch der konnte Toller dann auch nicht mehr bei sich verstecken, denn seine Wohnung war ein zweites Mal durchsucht worden, nun in der Hoffnung, dort Toller oder andere flüchtige Revolutionäre zu fassen.

Ernst Toller, Sohn eines jüdischen Kaufmanns aus Posen, hatte sich 1914 als Kriegsfreiwilliger gemeldet, war wegen außergewöhnlicher Tapferkeit zum Unteroffizier befördert, dann schwer verwundet und aus der Armee entlassen worden. Er entwickelte sich in der Folgezeit zu einem entschiedenen Kriegsgegner und wurde wegen seiner Beteiligung an der Organisation des Münchner Munitionsarbeiterstreiks im Januar 1918 zu einer langen Freiheitsstrafe verurteilt.

Im Militärgefängnis schrieb Ernst Toller sein erstes Drama, »Die Wandlung«, einen expressionistischen Aufschrei gegen das Völkermorden. Durch Eisners Revolution freigekommen, hatte er sich diesem angeschlossen, später die Führung der Räterepublik übernommen, und so drohte ihm im Mai 1919 nach dem Sieg der Konterrevolution die Rache der Soldateska.

Während Toller noch von Versteck zu Versteck flüchtete, wurde in München – abgesehen von den Morden, Vergewaltigungen und anderen Exzessen auf offener Straße – eine heute noch nicht genau festgestellte Vielzahl von Menschen, mindestens 1200, exekutiert, wobei die Sammelstellen für diesen Massenmord der Schlachthof, das Oberwiesenfeld und zwei Straßenbahndepots waren. Im Gefängnis Stadelheim wurde der geistvolle Gelehrte Gustav Landauer, ein Freund Eisners, buchstäblich am Boden zertreten, seine Leiche gefleddert.

Erst nachdem die rasende Soldateska aus dem Norden auch einundzwanzig Mitglieder eines katholischen Gesellenvereins für »Rote« gehalten und ermordet hatte, geboten die Militärbehörden dem blutigen Terror Einhalt. Rund hundertfünfzig angebliche Rädelsführer, die man im Laufe des Monats Mai noch aufspüren konnte, darunter auch Ernst Toller, wurden zu langen Freiheitsstrafen verurteilt.

Zu denen, die 1918/19 den idealistischen Versuch unternahmen, das Königreich Bayern in eine humane, demokratische und sozialistische Räterepublik umzugestalten, und die für ihren Verzicht auf Diktatur und Terror entsetzlich büßen mußten, gehörte auch der vielseitig talentierte Dichter Erich Mühsam. Er war 1878 in Berlin geboren, dann in Lübeck aufgewachsen.

Als Sohn eines stramm deutschnationalen jüdischen Apothekers arbeitete er, nachdem er wegen »sozialistischer Umtriebe« vom Lübecker Katharineum verwiesen worden war, zunächst als Apothekergehilfe, von 1901 an jedoch nur noch als freier Schriftsteller. Obwohl er sich dann der Münchner Boheme anschloß, lehnte er Kunst als Selbstzweck stets entschieden ab und bekämpfte in seinen Dramen, Gedichten und Pamphleten den preußischen Militarismus und den wilhelminischen Obrigkeitsstaat.

Eine Zeitlang schrieb er auch für den *Simplicissimus* spöttische Verse. 1910 wegen »anarchistischer Umtriebe« mit Gefängnis bestraft, gab er dann unter dem Titel *Kain* eine eigene »Zeitschrift für Menschlichkeit« heraus und war einer der wenigen deutschen Intellektuellen, die den 1914 beginnenden Weltkrieg von Anfang an entschieden ablehnten und bekämpften.

In München traf der fünfunddreißigjährige Dichter, dessen Verlobung mit einer von seinen Ideen begeisterten Bankierstochter, Jenny Brünn, am Widerstand ihrer Eltern gescheitert war, im November 1913 eine junge Frau, die ihn über den Verlust Jennys hinwegtröstete: Kreszentia Elfinger, eine urbayerische Bauerntochter, die sechs Jahre jünger war als er und seit vierzehn Jahren mit dem erfolg- und mittellosen Bildhauer Ludwig Egler ein, wie man in München sagt, »g'schlampertes Verhältnis« hatte und außerdem einen dreizehnjährigen Sohn.

Erich Mühsam war von Zenzls Schönheit, schlichtem Gemüt und mitfühlendem Herzen tief beeindruckt. Die beiden wurden unzertrennliche Freunde, und als der mittellose Dichter im Herbst 1915 eine Erbschaft machte, seine Schulden bezahlen und noch einiges erübrigen konnte, beschlossen sie zu heiraten. Die

Hochzeit fand am 15. September 1915 statt und wurde im »Bunten Vogel« in Schwabing gefeiert.

Sie mieteten sich dann eine bescheidene Dreizimmerwohnung in der Georgenstraße, nahmen Zenzls Sohn, der bei den Großeltern auf dem Lande aufgewachsen war, zu sich, auch dessen Vater, den Bildhauer, der wegen Mietschulden auf die Straße gesetzt worden war.

Niemand hat Zenzl Mühsam und ihren seltsamen Haushalt besser beschrieben als Martin Andersen Nexö, der dänische Romancier, der damals in München lebte:

»In dem hohen Mietshaus in der Georgenstraße hausten hoch unter dem Himmel mit weiter Aussicht über Gärten und lehmige Bauplätze als zwei freie Vögel Erich und Zenzl Mühsam. Zenzl, selber groß und hell, hielt sich meist in ihrer großen hellen Küche auf. Da hantierte sie und kochte und briet und buk – die schönste und unerschrockenste Frau, die das bayerische Bauernland hervorgebracht hat! In ihrem unverfälschten Dialekt, der aus ihrem Munde rollte wie Äpfel die Treppe herunter, nahm sie teil am Gespräch im Wohnzimmer und schwang in der Küche klirrend Töpfe und Pfannen von einem Feuerloch aufs andere. Und zutiefst in der Stube saß zwischen verstaubten Büchern im Halbdunkel Erich Mühsam und kommentierte die Weltereignisse, während Gäste kamen und gingen, deren jeder das Seine zum Haushalt beitrug.

Ein prächtiges Ehepaar! Von außen waren sie so verschieden wie überhaupt möglich: sie durch und durch Land und freier Himmel, er die Großstadt mit Ästhetik und Bücherluft. Und dennoch paßten sie zusammen, bildeten ein seltenes Beispiel der Kameradschaft. Sie verließ ihre Küche ebenso ungern wie er sein Studierzimmer; ihre Mahlzeiten waren ebenso anregend und würzreich wie seine Anmerkungen; ihr Geist war ebenso revolutionär wie seiner. Aus der Küche warf sie wie helle Funken ihre Bemerkungen in die Diskussion... Wie die Zukunft aussehen müsse, damit sie allen ein menschliches Dasein böte, wußte Erich Mühsam nicht; in revolutionärer Politik war er ein Kind. Aber unbewußt hatten er und Zenzl sich eine Welt geschaffen, in der man die Luft einer neuen Zeit schon atmete.«

Drei Jahre währte diese Idylle, konnte Zenzl ihrem jüdischen Ehemann mit dem struppigen Vollbart und den gütigen Augen hinter den dicken Gläsern seiner Gelehrtenbrille die Alltagssorgen abnehmen. Dann, im Frühjahr 1919, nach dem blutigen Sieg der Konterrevolution, kam Erich Mühsam, der alle Gewalt verabscheute, als »Rädelsführer« in jahrelange Festungshaft.

Zenzl Mühsam aber stand treu zu ihm, auch später, als die Nazis den ihnen dreifach verhaßten jüdischen Intellektuellen, zutiefst humanen Anarchisten und entschiedenen Pazifisten verschleppten, auf das grausamste folterten und schließlich nach fünfzehn Monaten der Qual im Konzentrationslager Oranienburg ermordeten. Erst als feststand, daß sie nichts mehr für ihren Erich tun konnte, dessen stolzes »Ihr seht mich nicht feige!« die braunen Schergen in immer größere Wut versetzt hatte, verließ Zenzl Mühsam Deutschland, ging über die grüne Grenze in die Tschechoslowakei ins Exil, floh vor deren Annexion nach Rußland. Dort nahm das Stalin-Regime die Witwe des ermordeten Antifaschisten zunächst recht freundlich auf. Doch dann erwachte das Mißtrauen: Erich Mühsam und seine bayerische Frau waren niemals Mitglieder der Kommunistischen Partei gewesen, vielmehr – möglicherweise sogar gefährliche – Anarchisten.

Und so kam Zenzl in NKWD-Haft, ins Gulag und erst nach langen Jahren wieder frei und zurück nach Deutschland. Bis zu ihrem Tod lebte sie dann in Ostberlin bei guten Freunden. In deren Erinnerung blieb sie, wie Martin Andersen Nexö sie beschrieben hatte: »Groß und hell, die schönste und unerschrockenste Frau, die das bayerische Bauernland hervorgebracht hat.«

Von ihren und Erich Mühsams Münchner Kampfgefährten überlebte kaum einer den völkischen und nazistischen Terror:

Kurt Eisner und Gustav Landauer waren bereits 1919 ermordet worden. Eisners engster Mitarbeiter, Felix Fechenbach, kam 1919 ins Zuchthaus, wurde schließlich begnadigt, aber schon 1933 von den Nazis verhaftet und umgebracht. Ernst Toller kam nach langer, qualvoller Festungshaft 1924 wieder frei, flüchtete 1933 erst in die Schweiz, dann nach Frankreich, schließlich in die USA, wo er sich 1939 das Leben nahm.

Oskar Maria Graf kam 1919 noch glimpflich davon, wurde auch 1933 von den Nazis geflissentlich übersehen, vielleicht weil er ein uriger Bayer war, ein »g'standenes Mannsbild«, wie es viele der braunen Führer, von Goebbels bis zu Julius Streicher, gern selbst gewesen wären. Im Februar 1933 flüchtete Graf ins benachbarte Österreich. Als im Mai 1933 überall in Deutschland die Verbrennung der Bücher derer stattfand, die er bewundert hatte oder mit denen er befreundet gewesen war, wurden seine Werke wiederum ausgespart.

Einen Tag nach der Bücherverbrennung, am 11. Mai 1933, meldete sich Oskar Maria Graf aus Wien zu Wort. In einem leidenschaftlichen Artikel, den die *Arbeiterzeitung* veröffentlichte, erklärte er sich mit den geächteten Kolleginnen und Kollegen solidarisch und forderte unter der Überschrift »Verbrennt mich!« die Vernichtung auch seiner Bücher.

Sein ergreifender Aufschrei ging durch alle großen Zeitungen der Welt, und die Nazis rächten sich, indem sie nun auch ihn – zusammen mit Albert Einstein und Kurt Tucholsky – der deutschen Staatsbürgerschaft für verlustig erklärten. Grafs Kommentar dazu: »Mein Vaterland ist fort? Ich lebte stets nur da, wo ich meine Mutter fühlte und wußte. *Diese* Heimat ist unverlierbar!«

Wie durch ein Wunder konnten sich Oskar Maria Graf und seine Frau Mirjam – auch diese Ehe war, wie bei Erich und Zenzl Mühsam, eine glückliche Verbindung zwischen Bayerisch-Bäuerlichem und Jüdisch-Intellektuellem – erst aus dem von Hitler »angeschlossenen« Österreich, dann aus der von den Nazis annektierten Tschechoslowakei ins amerikanische Exil retten, wo sie in bescheidensten Verhältnissen die Kriegsjahre überlebten.

In New York vollendete Oskar Maria Graf sein wohl bedeutendstes Werk, das Thomas Mann als »ein wahres Monument der Pietät und Liebe und ein in seiner Art klassisches Buch« gepriesen hat: »Das Leben meiner Mutter«. Darin erzählt er die Geschichte seiner bäuerlichen Ahnen im Oberbayern des 16. und 17. Jahrhunderts ebenso wie die Münchner Geschehnisse des Frühjahrs 1919. Anders als in der von den Konservativen, erst recht von den Nazis hochgelobten, die Realität verfälschenden »Blut-und-Boden«-Literatur zeigt Graf in diesem sozialgeschichtlichen und folkloristischen Dokument, dessen Zentralfigur seine Mutter ist, die Wirklichkeit des dörflichen Lebens in Oberbayern. Er zeigt die Menschen, wie sie dort sind, ihre Einfalt und Frömmigkeit, ihren Trotz und ihr Selbstbewußtsein. Und in aller Schlichtheit scheint dabei auf, was die professionellen Heimatpfleger meist übersehen: inmitten von üblicher Alltagsverdrossenheit und ganz normaler Barbarei durchaus nicht alltägliche und normale Warmherzigkeit, Güte, Menschlichkeit, Solidarität und Opferbereitschaft – kurz, ein anderes Bayern, als es sich in den Klischeevorstellungen, zumal der Norddeutschen, hartnäckig bewahrt hat.

Für dieses andere Bayern stand zeitlebens auch unser letztes Beispiel, ein weiterer Urbayer. Er war ebenfalls ein von den Völkischen und Nazis verfemter und ins Exil getriebener »Roter«, aber keineswegs – wie Oskar Maria Graf oder Zenzl Mühsam – kleinbäuerlicher oder gar proletarischer Herkunft, vielmehr von uraltem bayerischem Adel: Waldemar Freiherr v. Knoeringen.

Die Barone v. Knoeringen, urkundlich erstmals 1197 erwähnt, hatten in der bayerischen Geschichte zwar keine hervorragende Rolle gespielt, aber immerhin war einer von ihnen, Johann Egolf v. Knoeringen, gestorben 1575, in den bewegten Jahrzehnten der Reformation und Gegenreformation regierender Bischof von Augsburg und ein eifriger Verfechter der Sache Roms gegen das Luthertum gewesen.

Baron Waldemar, geboren 1906 in Rechetsberg, Gemeinde Huglfing, war als Sohn des nur noch wenig begüterten, aber um so adelsstolzeren Besitzers des Anwesens Aisinger Wiese bei Rosenheim zur Welt gekommen. Er wurde gut katholisch erzogen und schlug nach beendetem Studium die Bibliothekarslaufbahn ein, betätigte sich daneben eifrig im Volkshochschul- und Arbeiterbildungswesen und schloß sich 1926 der bayerischen Sozialdemokratie an, die seine Rednergabe ebenso zu schätzen wußte wie seinen missionarischen Eifer auf dem Gebiet der Volksbildung.

Als 1933 die Nazis ihre Diktatur errichteten, floh Waldemar v. Knoeringen zunächst nach Österreich, dann in die Tschechoslowakei, wo die Reste des SPD-Reichsvorstands Zuflucht gefunden hatten. Kurz vor der Besetzung Prags durch Wehrmacht und Gestapo gelang ihm die Flucht nach Frankreich, und von dort ging er 1939 ins Exil nach London, wo er sich der linksoppositionellen Gruppe »Neu Beginnen« anschloß, die – wie ihr Name schon sagte – die streng bürgerlich-parlamentarische Politik der SPD in den Jahren der Weimarer Republik für gescheitert ansah und mit dem demokratischen Sozialismus einen neuen, besseren Anfang machen wollte.

Zunächst konnte sich Waldemar v. Knoeringen während der Kriegsjahre nur mit deutschsprachigen Rundfunksendungen sowie mit Bildungsprogrammen für deutsche Kriegsgefangene politisch betätigen, doch noch im Londoner Exil entwarf er ein Programm für die bayerischen Sozialdemokraten, das nach dem Sieg über Hitler verwirklicht werden sollte.

Erst Anfang 1946 durften die in Großbritannien lebenden deutschen Sozialdemokraten in die Heimat zurückkehren, und Waldemar v. Knoeringen nahm sogleich die Arbeit in München auf, wo er SPD-Fraktionsvorsitzender im ersten bayerischen Landtag wurde und bis 1962 auch blieb. 1947 übernahm er den Vorsitz des SPD-Landesverbands Bayern, und 1949 wurde er in den ersten Bundestag gewählt.

Als erster führender Sozialdemokrat knüpfte er dann Kontakte zu den Kirchen an, stachelte als hinreißender Redner den anfangs noch sehr braven Parteinachwuchs zu »wirklichem Radikalismus«, sprich: lebendiger, nicht rein formaler Demokratie, auf und suchte das »Gespräch mit jedermann« – ausgenommen die Ewiggestrigen und Reaktionäre, zu denen er auch den CSU-Nachwuchspolitiker Franz Josef Strauß zählte.

Knoeringens große Stunde kam 1958, als er – zusammen mit Herbert Wehner – zum Stellvertreter des Parteivorsitzenden Erich Ollenhauer gewählt wurde.

Vier Jahre lang stand das Trio Ollenhauer-Wehner-v. Knoeringen an der Spitze der deutschen Sozialdemokratie, doch von Anfang an war es Herbert Wehner, der den Kurs und als Fraktionsvorsitzender im Bundestag auch die Tagespolitik bestimmte. Waldemar v. Knoeringen, von Wehner als »Bildungsapostel« verspottet, zog sich schließlich enttäuscht zurück, erst auf seine bayerische Landespartei, dann aus der aktiven Politik überhaupt. Der Kurs Herbert Wehners, der auf eine Große Koalition hinsteuerte, dünkte dem »Roten Baron« als Verrat an allen sozialistischen und radikaldemokratischen Prinzipien.

Immerhin brachte Waldemar v. Knoeringen als einer der Väter des Godesberger Programms seine Vorstellungen von der SPD als Volkspartei in die langfristige Politik der Partei ein, und als Publizist trat er 1966 mit einem

Buch hervor, das fast prophetisch das sich anbahnende Ende der konservativen und restaurativen Ära Adenauer behandelte. Sein Titel: »Mobilisierung der Demokratie«.

Daß es dann gerade die Studenten waren, die seine Gedanken aufgriffen und in ihrer Revolte von 1968 zu verwirklichen versuchten, mag ihn überrascht haben, doch deren Parolen, sei es gegen den »Muff von tausend Jahren unter den Talaren«, sei es gegen die volksverdummende Springer-Presse, haben ihm, dem radikalen Demokraten, gewiß gefallen.

Er erlebte noch Willy Brandts triumphalen Einzug ins Kanzleramt als erster sozialdemokratischer Regierungschef nach fast vierzig Jahren. Doch zu dieser Zeit war Waldemar v. Knoeringen bereits schwer krank, hatte alle Parteiämter niedergelegt und sich aus der bayerischen Politik zurückgezogen. Der nach Georg v. Vollmar zweite Edelmann an der Spitze der bayerischen Sozialdemokraten starb am 2. Juli 1971 auf seinem Ruhesitz in Höhenried am Starnberger See.

Mitunter föhnig aufgeheitert

Die in der Regel gutbetuchten Damen und Herren aus Wiesbaden, Düsseldorf, Krefeld, Paderborn oder Hamburg-Blankenese, die zur Erholung nach Oberbayern und zumal ins Tegernseer Tal kommen, haben bestimmte Vorstellungen von dem, was sie dort vorfinden wollen: Häuser im »Lederhosen«-Stil, wie sie ihn nennen, mit üppigem Geranienschmuck vor den Fenstern und an den umlaufenden Balkonen, alt und rustikal, aber natürlich mit allem Komfort der Neuzeit versehen, Sauna, Telefax und Swimmingpool eingeschlossen; gemächlich grasendes, aber bitte mit unsichtbaren Elektrozäunen am Ausbrechen gehindertes Rindvieh auf grünen Wiesen, die sich sanft gewellt durchs ganze Tal erstrecken; schattige Wege durch lauschige Wälder, deren Fichten die Gäste beharrlich als »Tannen« bezeichnen; Berge ringsum, die nicht bedrohlich wirken und sich mit der Seilbahn gut bewältigen lassen; rauschende Bäche neben gutasphaltierten Straßen ohne lästige Geschwindigkeitsbegrenzungen oder gar -kontrollen; gepflegte Gaststätten und viele luxuriöse Geschäfte, wo man nach Herzenslust einkaufen kann und ein reichhaltigeres und modischeres Angebot findet als daheim; Parkmöglichkeiten noch und noch, damit man die Einkaufstüten nicht weit zu tragen braucht, denn man will sich ja erholen und nicht plagen; schließlich ein romantischer See mit glasklarem Wasser, den man von den Caféterrassen aus wohlwollend betrachten kann, und der die Sonnenstrahlen glitzernd widerspiegelt, die dort an weit mehr Tagen im Jahr als zu Hause einfallen, gesunde Urlaubsbräune verschaffen und alles ist wie in Italien, denn dafür bezahlt man schließlich auch die Kurtaxe.

Manche Gäste verbringen ihren Urlaub immer und immer wieder im Alpenvorland, zumal im Tegernseer

Tal, und diese Wiederholungstäter wissen Bescheid, kennen sich aus – besser als die Einheimischen! Sobald sie gelernt haben, daß der Föhn, den sie bis dahin nur als Haartrockner kannten, ein warmer Südwind ist, der sporadisch zu allen Jahreszeiten auftritt und mitunter tagelang anhält, im bayerischen Oberland negativ besetzt ist – trotz des meist blauen, nur wenige zerzauste Wölkchen aufweisenden Himmels und der deutlich milderen Witterung, die er in der kalten Jahreszeit mit sich bringt –, empfinden auch sie den Föhn als lästiges Übel, fühlen sich matt, arbeitsunlustig und zu keinem Einkaufsbummel mehr fähig, bekommen Kopfschmerzen und werden entweder depressiv oder aggressiv! An Föhntagen – so teilen sie Neulingen aus dem reichen Schatz ihrer Urlaubserfahrungen mit – sollte man nur Champagner trinken.

Solange die Fehleinschätzungen der lieben Feriengäste nur zu erhöhten Einnahmen der Gastronomie und der die Schaumweinsteuer erhebenden Finanzämter führen, ist dagegen nicht viel einzuwenden. Doch leider erstrecken sich die nach mehr als zweimaligem Urlaub in Bad Wiessee oder Rottach-Egern verfestigten, aber meist irrigen Meinungen der Besucher aus dem hohen Norden oder Westen auch auf andere, wichtigere Bereiche und sind geeignet, das Erscheinungsbild des bayerischen Oberlands stark zu trüben, nicht zuletzt in politischer Hinsicht, wovon noch ausführlich die Rede sein wird.

Doch beginnen wir mit den falschen Vorstellungen der Urlaubsgäste von dem vermeintlich rein landwirtschaftlichen, von bäuerlicher Milchviehhaltung geprägten Charakter des Oberlands und zumal des Tegernseer Tals, das in besseren Kreisen Nordrhein-Westfalens auch als »Tal der glücklichen Kühe« bekannt ist.

In Rottach-Egern – um es am Beispiel einer wichtigen und zugleich typischen Talgemeinde des voralpenländischen Fremdenverkehrsgebiets im »eigentlichen« Bayern festzumachen – gibt es unter gegenwärtig 5 631 Einwohnern mit Hauptwohnsitz (zu denen noch 1 233 Einwohner mit bloßem Nebenwohnsitz in der Gemeinde kommen) nur allenfalls 150 Männer, Frauen und Kinder, die der bäuerlichen Bevölkerung zugerechnet werden können, wobei eine genaue Zahl nicht vorliegt.

In der fast 60 Quadratkilometer großen, sich bis zur Valepper Klamm an der österreichischen Grenze hin erstreckenden Gemeinde Rottach-Egern sind insgesamt 806 Gewerbebetriebe registriert, davon gehören aber nur noch 26 zur Landwirtschaft, und deren Anzahl geht weiter zurück. Allein in den letzten drei Jahren haben sich diese bäuerlichen Familienbetriebe um 13 Prozent vermindert.

Was den Bestand an Milchkühen betrifft, so betrug er bei der letzten Zählung (Ende 1988) noch 298 Stück, die sich auf 24 Viehhaltungen verteilten. Er war damit geringer als die Anzahl der in der Gemeinde angemeldeten (!) Hunde, die bei immerhin 314 Tieren lag.

Wo es mehr Hunde als Milchkühe gibt, mehr Ärzte, Rechtsanwälte, Architekten und Steuerberater als Bauern, da kann eigentlich nicht mehr die Rede davon sein, daß die Milchviehhaltung dominiere und den Charakter der ausgedehnten Gemeinde und ihres Umlands bestimme.

Aber ganz so einfach liegen die Dinge nun doch wieder nicht: Erstens erfordern die wenigen landwirtschaftlichen Betriebe, die Milchkühe halten, insgesamt 1 278 Hektar der gesamten Gemeindefläche, die genau 5 910 Hektar ausmacht. Zieht man von der Gesamtfläche Rottach-Egerns die darin enthaltenen 3 737 Hektar Bergwald ab, so macht der von den Milchkühe-Haltern in Anspruch genommene Grund tatsächlich mehr als die Hälfte aus, steht also deutlich im Vordergrund.

Zweitens aber sind die Rottach-Egerner Landwirte, die fast ausnahmslos Milchkühe halten – Ackerbau gibt es nicht, Hühner- und Schweinehaltung über den Eigenbedarf hinaus auch nicht –, in Wahrheit längst keine Bauern mehr, vielmehr – teils direkt, teils indirekt – wichtige Faktoren des Fremdenverkehrs: Beinahe jeder Hof bietet den in- und ausländischen Feriengästen komfortable Fremdenzimmer (wobei wir es dahingestellt sein lassen wollen, ob dieses Bettenangebot von der Gemeindestatistik voll erfaßt ist oder nicht), und neben dieser direkten Beteiligung am Haupterwerbszweig des Tegernseer Tals haben die wenigen landwirtschaftlichen Betriebe, die übriggeblieben sind, eine für den Fremdenverkehr lebenswichtige Aufgabe, von der sich die wenigsten Gäste eine klare Vorstellung machen:

Ohne die Weidewirtschaft der Milchkühe-Halter wären die das Auge erfreuenden grünen Wiesen des Tals längst wieder zur Wildnis geworden! Die Bauern sind also in erster Linie Landschaftspfleger, die den Freizeit- und Erholungswert des Tals und seine Bilderbuch-Landschaft erhalten. Die Milchproduktion ist dabei eine unvermeidliche Nebensache geworden. Ihre Subventionierung angesichts der in der Europäischen Gemeinschaft seit Jahren herrschenden Milchschwemme sollte der Steuerzahler daher allein unter dem Gesichtspunkt der Landschaftspflege sehen und ohne Groll hinnehmen.

Dies wird noch deutlicher, wenn man die Almwirtschaft mit in Betracht zieht: Den ganzen Sommer über wird das Jungvieh und ein Teil der Milchkühe auf hochgelegenen, Almen genannten Weiden gehalten. Der Zeit- und Arbeitsaufwand, der mit dem Auftrieb im Frühsommer, dem Almabtrieb vor Einbruch des Winters und der monatelangen Beaufsichtigung verbunden ist, ganz zu schweigen von dem Transport der Milch – nur sehr selten noch der Milchprodukte – ins Tal, ließe jeden Gedanken an Rentabilität schwinden, wären da nicht die staatlichen Zuschüsse, die wiederum im Grunde nur die landschaftspflegerische Tätigkeit belohnen. Ohne die Almwirtschaft würden die Bergwiesen verwildern, und nur die kurzgehaltene Grasnarbe gibt ihren Hängen den nötigen Halt.

Schließlich sind die – nur über Wanderwege erreichbaren – Almen, erst recht die Almabtriebe, für die das Vieh auf althergebrachte Weise festlich geschmückt wird zum Zeichen der Freude darüber, daß keines der Tiere abgestürzt oder erfroren ist, eine Attraktion für die Urlaubsgäste – wie fast alles, was mit Tradition zusammenhängt, zugleich dem Haupterwerbszweig, dem Fremdenverkehr, zugute kommt.

Etwas anderes, das ausnahmsweise nichts mit Tradition zu tun hat, sondern mit Umweltschutz, ist für die Attraktivität des Tals (und damit für den Fremdenverkehr, von dem es hauptsächlich lebt) von größter Wichtigkeit, wird aber von den Urlaubsgästen kaum bemerkt, jedenfalls für selbstverständlich genommen: der See, der dem Tal seinen Namen gegeben hat, und sein klares, sauberes Wasser.

Tegaro Seo, den großen See – so nannten ihn die ersten Siedler vor rund zwölfhundert Jahren, obwohl der Tegernsee – etwa im Vergleich zum Starnberger See, zum Achen-, Ammer- oder Chiemsee – gar nicht so groß ist: knapp sechs Kilometer lang, ein bis zwei Kilometer breit, bis zu 72 Meter tief. Aber vielleicht kamen die ersten Ansiedler von Bayerischzell herauf und hatten erst den kleinen Spitzingsee, dann den Schliersee gesehen, ehe sie der Anblick des weit größeren Tegernsees entzückte, von dessen Ufern aus sie den Urwald zu roden, das Tal zu kultivieren begannen.

Der Tegernsee hat natürliche Zuflüsse wie die Rottach und die Weißach und einen natürlichen Abfluß, die Mangfall. Dennoch wäre der See, obwohl es an seinen Ufern und Zuflüssen keine Industrie und keine nennenswerten Wasserverunreiniger anderer Art gibt, längst »umgekippt«, hätte man nicht rechtzeitig die durch den rapide anschwellenden Fremdenverkehr enorm vermehrten Abwässer von ihm ferngehalten.

Seit drei Jahrzehnten erfreut sich der Tegernsee einer Ringkanalisation! Als Umweltschutz noch ein unbekanntes Wort war, baute man sie mit einem für damalige Verhältnisse gigantischen Kostenaufwand. Nur einige Pumpstationen rund um den See sind die äußeren Zeichen dafür, daß hier nicht wie anderswo alle Abwässer einfach in den See geleitet werden. Eine biologische Kläranlage liegt weit abseits an der Mangfall.

Als weitere Maßnahme, die ursprünglich nur für Ruhe sorgen sollte, aber der Sauberkeit des Tegernsees ebenfalls zugute gekommen ist, wurden Motorboote von diesem Gewässer verbannt – ausgenommen als öffentliche Verkehrsmittel der staatlichen Seeschiffahrt.

So gehört der Tegernsee heute zu den saubersten Binnengewässern Europas. Sein Wasser hat fast Trinkwasserqualität, und es gibt wieder Krebse darin, von den vielen Renken und anderen Fischen ganz zu schweigen. Daß er sich nicht noch größerer Beliebtheit als Badegewässer erfreut, hängt damit zusammen, daß die Wassertemperatur deutlich unter der der meisten anderen bayerischen Seen liegt und viele zögern läßt, sich in die vom Zufluß des Schmelzwassers kühl gehaltenen Fluten zu stürzen. Nur an sehr heißen Tagen und an den flachen Ufern der Ringsee-Bucht suchen und finden die weniger Abgehärteten Erfrischung.

Angemerkt sei, daß die Kapazität der Tegernsee-Ringkanalisation längst erschöpft ist. So wurden der Bauwut derer, die sich im Tal einen Zweit- oder Drittwohnsitz schaffen wollten, und damit der Zersiedelung der Landschaft Grenzen gezogen. Man kann nur hoffen, daß die wohlhabenden Talgemeinden der Versuchung widerstehen, die Kanalisation zu erweitern. Denn so verlokkend es auch sein mag, Wiesen als Bauland auszuweisen und sie zu exorbitanten Preisen für jeden Quadratmeter an die Meistbietenden zu verscherbeln: Die Allgemeinheit hätte nur Nachteile davon, weil Zweitwohnsitze die

Kommunen mit allen Nachfolgekosten belasten – vom Kindergartenplatz bis zur bereitzustellenden Grabstelle –, ohne Steuern einzubringen. Vor allem aber hätten die Attraktivität der (noch) weitgehend intakten Bilderbuch-Landschaft und damit der Fremdenverkehr, die Haupteinnahmequelle des ganzen Tals, zu leiden.

Dies bringt uns zu einer weiteren, den als kurzfristige Sommer-, Herbst- oder Wintergäste das Tal aufsuchenden Fremden meist unbekannten Tatsache: Nur noch ein kleiner, allenfalls 26 bis 28 Prozent ausmachender Teil der Tegernseer Talbewohner kann als alteingesessene bayerische Bevölkerung angesehen werden! Und dabei sind die Zuwanderer des 19. und frühen 20. Jahrhunderts, darunter viele Italiener, schon den Einheimischen zugerechnet. Höchstens jeder fünfte ständig im Tal Ansässige darf als waschechter Bayer oder »wirkliche« Bayerin gelten.

Doch dies tut der Traditionspflege keinen Abbruch! Die Trachtenvereine und Gebirgsschützenkompanien, die Berg- und die Wasserwacht, die zahlreichen sonstigen Gruppen, die Volksmusik und Brauchtum pflegen, haben keine Nachwuchsprobleme, die sie sorgenvoll in die Zukunft blicken ließen.

Längst sind beispielsweise die sehr zahlreichen Flüchtlinge der ersten Jahre nach dem Zweiten Weltkrieg, die meist aus Schlesien oder dem Sudetenland ins Tal gekommen sind, so weitgehend integriert, daß sich zumindest ihre Kinder in gar nichts mehr von denen der alteingesessenen Tegernseer unterscheiden, außer vielleicht durch ihren Familiennamen.

Wer als Fremder einmal zufällig einer Plattlerprobe des Trachtenvereins beiwohnt, würde staunen, wenn er erführe, daß nur wenige Kinder, die hier in Tegernseer Tracht Volkstänze, Schuhplattln und Jodeln begierig erlernen, aus alteingesessenen Familien, womöglich von einem der wenigen Bauernhöfe stammen. Es sind da die

Söhne und Töchter von Ärzten, Gewerkschaftssekretären, Journalisten, Handwerkern und Beamten, und kaum mehr als die Hälfte dieser Kinder, allenfalls ein Viertel ihrer Eltern, sind im Tal geborene Bayern. Und nur eine Minderheit des auf Traditionspflege so begierigen Nachwuchses beherrscht das Boarische und spricht auch daheim mit den Eltern und Geschwistern kein Hochdeutsch.
Sogar in den Gemeinde- und Kreisparlamenten, einst die eifersüchtig gehüteten, angestammten Plätze der einheimischen Großkopfeten an den Schalthebeln kommunaler Macht, findet man heutzutage, quer durch alle Parteien, Zuwanderer unterschiedlichster Herkunft und Ansässigkeitsdauer.

Ja, als sich vor etlichen Jahren aus damals aktuellen Anlässen – es sollte unter anderem eine Umgehungsstraße für den Fernverkehr ins Inntal gebaut werden, deren Trasse ein Naherholungsgebiet oberhalb von Bad Wiessee stark beeinträchtigt hätte – eine »Schutzgemeinschaft Tegernseer Tal« bildete, da fanden sich Alteingesessene und preußische Neubürger rasch zusammen, berieten nicht nur einträchtig ihr gemeinsames Vorgehen, sondern wählten sich gar einen waschechten Berliner zu ihrem Sprecher!

Und wenn bei besonderen Anlässen, etwa beim Roßtag, Fuhrleute, Reiterinnen und Reiter in oberbayerischen Trachten und mit festlich geschmückten Kutschen und Pferden zu der Kapelle am Fuße des Leonardisteins ziehen, wo die Rösser gesegnet werden, dann darf man sicher sein, daß allenfalls der fünfte Teil derer, die da eine uralte Tradition des bayerischen Oberlands wahren, aus alteingesessener Familie stammen.

Doch was macht das schon? Wichtig ist, daß die Tradition gepflegt und aufrechterhalten wird, auch und gerade im Satelliten-, Computer- und Jeans-Zeitalter.

Zur Tradition des bayerischen Oberlands gehört auch

etwas, das den Gästen aus dem Norden eigentlich auffallen müßte, doch sie bemerken es gar nicht: Während anderswo in Deutschland die Denkmäler Bismarcks, der Hohenzollernkaiser und anderer uniformierter Herrscher Legion sind, fehlen solche im bayerischen Oberland, selbst für die heimischen Wittelsbacher, nahezu ganz. Hingegen findet man hie und da Erinnerungsmale aus Bronze und Stein völlig anderer Art.

So steht beispielsweise am nordöstlichen Eingang zum Tegernseer Tal, in Waakirchen, ein Mahnmal: Auf hohem Sockel sitzt da ein – ungewöhnlich schlanker, um nicht zu sagen: sehr magerer – Löwe, der recht hochmütig gen München schaut. Das Denkmal erinnert an ein Vorkommnis des Winters 1705: die Sendlinger Mordweihnacht.

Damals, während des Spanischen Erbfolgekriegs, stand Bayern unter österreichischer Besatzung, die das Letzte aus dem Land herauszupressen bemüht war. Gegen diese Fremdherrschaft und unerträgliche Bedrükkung verschworen sich die Bauern und Handwerker des bayerischen Oberlands und beschlossen, die Österreicher aus dem Land zu jagen. Einer ihrer gewählten Anführer war der Schmied von Kochel. Von Benediktbeuren, Tölz und Lenggries, aber auch aus dem Tegernseer Tal und von Miesbach zogen die Aufständischen zu Weihnachten 1705 isaraufwärts gen München. Doch ihr Unternehmen, das nur Aussicht auf Erfolg hatte, wenn ihnen die Überraschung der feindlichen Truppen gelang, war längst verraten. So gerieten die Rebellen nahe Sendling in eine Falle. Trotz heldenhaften Widerstands wurden sie von den gefürchteten Panduren niedergemetzelt und vollständig geschlagen. Die Erinnerung an diese blutige Niederlage ist im Oberland bis heute lebendig geblieben, ebenso die tiefe Abneigung gegen jede obrigkeitliche Willkür, die stete Bereitschaft, aufzumucken und es »denen da oben« zu zeigen, wo die Grenzen ihrer Macht sind.

Nach den Vorstellungen der Gäste aus dem Norden ist Bayern ein frommes, christkatholisches Land, dessen Bevölkerung eine homogene Masse bildet, die allergrößtenteils treu und ergeben der Christlich-Sozialen Union (CSU) des hochseligen Landesvaters Franz Josef Strauß anhängt und in Ministerpräsident Max Streibl und dem CSU-Landesvorsitzenden Theo Waigel dessen derzeitige Stellvertreter auf Erden sieht. Und das Zentrum der Verehrung des unvergeßlichen Franz Josef Strauß und seiner Nachfolger meinen sie im Landkreis Miesbach, noch genauer: im Tegernseer Tal ausgemacht zu haben.

Ist dort nicht, im Wildbad Kreuth, die Kaderschmiede der CSU, die Hanns-Seidel-Stiftung, angesiedelt? Und hat Strauß nicht dort und in Rottach seinen Wohnsitz gehabt? Ist Rottach nicht gar die geliebte Heimat der gleichfalls verewigten Landesmutter, der Frau Marianne Strauß geborene Zwicknagl, gewesen, wo diese dann auch auf tragische Weise ums Leben kam und ein stets mit Blumen geschmücktes Marterl ihr Andenken bewahrt?

Um mit der Antwort auf die letzte Frage zu beginnen und einer schon üppig wuchernden Legendenbildung entgegenzuwirken: Frau Marianne Strauß stammte nicht aus Rottach, sondern aus Rott am Inn, zwischen Wasserburg und Rosenheim gelegen. Dort war ihr Vater Inhaber der dörflichen Privatbrauerei. Sie ist auch nicht in Rottach-Egern tödlich verunglückt, sondern auf der Fahrt von München nach Wildbad Kreuth, auf der Bundesstraße, die vom Kreuther Ortsteil Weißach zum Achenpaß in Tirol führt, nahe dem ebenfalls zur Gemeinde Kreuth gehörenden Ortsteil Scharling.

Richtig ist lediglich – und damit beantwortet sich auch die zweite Frage –, daß die Familie sich in den 70er Jahren in Rottach-Egern niedergelassen und dort ein Einfamilienhaus bewohnt hat. Es scheint dem Ehepaar jedoch am Tegernsee nicht recht gefallen zu haben, denn nach verhältnismäßig kurzer Zeit gaben sie ihren dortigen Wohnsitz wieder auf und zogen zurück nach München.

In der Hanns-Seidel-Stiftung in Wildbad Kreuth, einer der CSU sehr nahestehenden Schulungsstätte, richtete sich das Ehepaar Strauß später eine Zweitwohnung ein, die von den beiden gelegentlich benutzt wurde, womit auch die erste Frage hinreichend beantwortet scheint.

Ansonsten gibt es weder in Rottach-Egern noch im übrigen Tegernseer Tal oder auch im Landkreis Miesbach, zu dem das Tal gehört, irgend etwas, das zu der Annahme berechtigen könnte, dort habe die Christlich-Soziale Union (oder die zum Kult gesteigerte Verehrung des einst so populären Landesvorsitzenden und bayerischen Ministerpräsidenten) ihr eigentliches Zentrum. Ja, es läßt sich nicht einmal behaupten, der Landkreis Miesbach sei eine Hochburg der bayerischen CSU, in der diese Partei ihre meisten Wähler hätte.

Das beste Wahlergebnis der CSU bei den Bundestagswahlen vom 25. Januar 1987 wurde von ihr im Wahlkreis 234 (Bad Kissingen), also in Unterfranken, erzielt, wo die Partei 68,4 Prozent der Erststimmen erhielt.

Das zweitbeste Wahlergebnis bei dieser Wahl hatte die CSU im Wahlkreis 217 (Straubing), also in Niederbayern, mit 68 Prozent der Erststimmen, ihr drittbestes Ergebnis im Wahlkreis 212 (Weilheim-Schongau) mit 67,1 Prozent. Angemerkt sei, daß dieser letztgenannte Wahlkreis am Ostrand Oberbayerns jahrzehntelang von Franz Josef Strauß im Bundestag vertreten wurde, der seine politische Laufbahn nach dem Zweiten Weltkrieg in Schongau begonnen hatte.

Die viert- und fünftbesten Wahlergebnisse erzielte die CSU wiederum außerhalb Oberbayerns, nämlich im

Wahlkreis 243 (Ostallgäu) mit 66,8 Prozent der Erststimmen und im niederbayerischen Wahlkreis 216 (Rottal-Inn) mit 65,6 Prozent. Sogar die drei nächstbesten Resultate erreichte die CSU keineswegs dort, wo die Gäste aus dem Norden es stets vermuten, nämlich im oberbayerischen Voralpenland, vielmehr in den Wahlkreisen 202 Ingolstadt (64,6 Prozent), 239 Augsburg-Land (64,5 Prozent) und 222 Bamberg (64,0 Prozent).

Bei den Bundestagswahlen vom 2. Dezember 1990 änderte sich daran nichts Wesentliches, außer daß die CSU in allen diesen Hochburgen Verluste erlitt, in Kissingen, Straubing und Weilheim um jeweils etwa 5 Prozent, im Ostallgäu um 6 Prozent und in Rottal-Inn um 5,3 Prozent. Die Feststellung, daß die »schwarzen« Hochburgen ganz überwiegend außerhalb des »eigentlichen« Bayern liegen, bewahrheitete sich abermals.

Im Wahlkreis 210 (Starnberg), zu dem auch der Landkreis Miesbach und das Tegernseer Tal gehören, bekam die CSU zwar auch eine sehr stattliche Mehrheit (1987: 61,3 Prozent der Erststimmen, 1990: 56,4 Prozent), aber in 15 der insgesamt 44 bayerischen Bundestagswahlkreise lag sie weiter vorn, und zwar ganz überwiegend außerhalb des oberbayerischen Alpenvorlands. Als Direktkandidat im Wahlkreis 210 kam 1987 (und abermals 1990, mit nur leichtem Stimmenrückgang) der damalige Miesbacher Landrat Wolfgang Gröbl (aus Erfurt) mit 56,6 Prozent der Zweitstimmen ins Bonner Parlament und wurde Staatssekretär im Umweltministerium. Franz Josef Strauß bestimmte sogleich einen Nachfolger für Gröbl im Miesbacher Landratsamt. Doch in Bayern müssen die Landräte von den Bürgerinnen und Bürgern direkt gewählt werden, und da zeigte es sich, daß auch oberbayerische CSU-Anhänger sich ungern vorschreiben lassen, nicht einmal vom verehrten Landesvater, wem sie ihre Stimme zu geben hätten. Der Strauß-

Favorit erhielt zur allgemeinen Überraschung keineswegs die von der CSU als sicher angenommene Mehrheit, sondern landete weit abgeschlagen unter denen, die die Wahl verloren hatten. Sehr zum Ärger des Herrn Ministerpräsidenten Strauß wurde ein kompetenter Parteiloser, der sich auf eine breite Mehrheit der anderen Parteien stützen konnte, neuer Landrat im Kreis Miesbach.

»G'rad die...!« soll Franz Josef Strauß geknurrt und mit Blick auf die rebellischen Miesbacher hinzugefügt haben, daß es ihm jetzt reiche. Dabei hatte er vermutlich ein Vorkommnis im Sinn, das sich im Jahre 1960 in der Kreisstadt Miesbach ereignet und für viel Aufsehen, weit über die Grenzen des Landkreises und des Freistaats hinaus, gesorgt hatte:

Das damals kaum 6000 Einwohner zählende Städtchen hatte seit Menschengedenken stets mit großer Mehrheit katholisch-konservativ (oder noch weiter rechts) gewählt, im Kaiserreich die katholische Zentrumspartei, in den Jahren der Weimarer Republik deren noch konservativere Schwester, die Bayerische Volkspartei, sowie in rasch zunehmendem Maße dann auch die NSDAP Adolf Hitlers, seit 1945 die CSU, die den Stadtrat beherrschte und immer den Bürgermeister gestellt hatte.

Angemerkt sei, daß diesem – erst 1918 zur Stadt erhobenen – oberbayerischen Miesbach noch ein besonderer Ruch anhaftete, der zusammenhing mit einer dort seit 1875 erscheinenden, weit rechts stehenden Tageszeitung, dem *Miesbacher Anzeiger*. Dieses Blatt war, sozusagen, das publizistische Bindeglied zwischen den ultrarechten katholischen Konservativen und den Vorläufern der Nazis, den Völkischen. In den Jahren der Weimarer Republik hatte der *Miesbacher Anzeiger* eine wüste Hetze gegen die demokratische Staatsform und deren Repräsentanten, vor allem aber gegen die jüdischen Deutschen betrieben, die an Bosheit und Schamlosigkeit kaum noch zu überbieten war. Erst nach dem Untergang der Nazi-Diktatur stellte der *Miesbacher Anzeiger* sein Erscheinen ein, doch er war als Paradebeispiel für dumpfe Borniertheit und niedrigstes journalistisches Niveau längst in die Weltliteratur eingegangen: Lion Feuchtwanger hatte in seinem – dann in alle Weltsprachen übersetzten – bayerischen Schlüsselroman »Erfolg« eine Zukunftsvision beschrieben, worin es heißt: »Der *Miesbacher Anzeiger* ist in zwei Exemplaren erhalten; das eine befindet sich im Britischen Museum, das andere im Institut zur Erforschung primitiver Kulturformen in Brüssel.«

Der Ungeist des 1945 eingegangenen *Miesbacher Anzeigers* schien in der Kreisstadt fortzubestehen, zumal am rechten Rand der nun regierenden CSU, deren Vorsitzender Franz Josef Strauß damals die Losung ausgegeben hatte: »Mit Hilfstruppen darf man nicht zimperlich sein!« Aber natürlich gab es unter den Bürgerinnen und Bürgern Miesbachs auch solche, die sich von den im Städtchen vorherrschenden Meinungen nicht beeinflussen ließen. Einer davon war der Oberlehrer Rudolf Pikola.

Er gehörte keiner Partei an und erfreute sich bei seinen Schülern und deren Eltern großer Beliebtheit, genoß darüber hinaus bei seinen Mitbürgern große Achtung wegen seiner vielseitigen schriftstellerischen Tätigkeit.

Pikola schrieb Erzählungen und Gedichte in oberbayerischer Mundart, gelegentlich auch Hörspiele für den Bayerischen Rundfunk, und daneben veröffentlichte er mancherlei Beiträge, worin er zum Tagesgeschehen Stellung nahm. Anzumerken ist, daß Pikola aus der Erfahrung im Zweiten Weltkrieg als Sanitätsunteroffizier in Rußland zu einem ethisch motivierten Pazifisten geworden war. Aufgrund dieser Einstellung hatte er 1959, als die von dem damaligen Bundesverteidigungsminister Strauß mit Nachdruck geforderte atomare Bewaffnung der Bundeswehr auf der Tagesordnung stand, etwas publiziert, das hier wiedergegeben sei:*

Ein nicht unmögliches Gespräch

Im Geiste belauscht / Von Rudolf Pikola

Kardinal: *Unsere gemeinsame Pilgerfahrt nach Lourdes war eine gute Sache, Herr Minister, aber wir müssen zur seelischen Erbauung der Truppe noch mehr tun.*

Rüstungsminister: *Zweifellos, Eminenz, dies liegt völlig in meinem und der Regierung Interesse. Nur ein Soldat, der religiös und moralisch gefestigt ist, wird fähig und bereit sein, nicht nur der Obrigkeit unbedingten Gehorsam zu leisten, sondern auch willig sein Leben hinzugeben.*

Kardinal: *Ich hoffe deshalb in Ihrem Sinne zu handeln, wenn ich die Militärseelsorge vor allem auf dem Wort aufbaue: »Wer sein Leben hingibt für seine Freunde...«*

Rüstungsminister: *Ich bin Ihnen sehr verbunden dafür... Nun kommen welche daher mit dem 5. Gebot: »Du sollst nicht töten!« oder mit der Feindesliebe, mit der Bergpredigt, in der es angeblich heißt »Selig die Friedfertigen«, oder mit Worten wie »Wer zum Schwert greift, soll durch das Schwert umkommen« und dergleichen mehr.*

Kardinal: *Ich verstehe Ihre Bedenken durchaus, Herr Minister... aber wir können auf diese schönen Worte keineswegs ganz verzichten – sie veredeln das Gemüt und lassen uns vor allem als die unverdächtigen Anwälte der eigentlichen Humanität erscheinen.*

Rüstungsminister: *Ganz recht, ganz recht, darauf legen wir selbstverständlich auch den größten Wert. Ich*

* Erschienen in »Das Andere Deutschland«, Hannover, Nr. 15/1959.

meine nur, man sollte diese Worte nicht gar zu sehr strapazieren, sie schaffen nur Verwirrung bei den Ungebildeten unter den Christen, die ja immer meinen, sie verstünden das Evangelium auf Anhieb. Es gibt doch auch genug andere Dinge, die Sie predigen lassen können, etwa gegen die Unkeuschheit, für die Elternliebe, die ja auch die Achtung vor der Obrigkeit einschließt, gegen die Unmäßigkeit, gegen den Unglauben, natürlich ganz besonders gegen den Unglauben!

Kardinal: *Ich bin Ihnen für Ihre Hinweise, die ja auf praktischen Beobachtungen basieren, sehr dankbar. Wenn ich nur auf eines noch näher eingehen darf: Das so oft zitierte und völlig falsch verstandene 5. Gebot. Unsere heilige Kirche hat seine Forderung noch nie für den Kriegsfall angewandt wissen gewollt... Außerdem ist der Krieg eine von Gott zugelassene und damit auch gewollte Einrichtung dieser sündigen Welt, so daß die Beteiligung an ihm einer Erfüllung der göttlichen Heilsabsicht gleichkommt.*

Rüstungsminister: *Diese sehr überzeugende Argumentation wäre wohl auch auf die Anwendung von Massenvernichtungsmitteln, speziell die Atombombe, anzuwenden?*

Kardinal: *Aber warum denn nicht? Unser bewährter Jesuitenpater Gundlach hat doch erst kürzlich dargelegt, daß eine Vernichtung der Menschheit durch Atomkraft möglicherweise das prophezeite und von Gott gewollte Ende der Welt bedeutet, das ohnehin kommen muß und dessen Vollstreckungswerkzeug zu sein, also nur Gottes Plan zu dienen heißt.*

Rüstungsminister: *Wir Leute von der Rüstung können Ihnen für diese geistige und geistliche Hilfestellung nicht genug dankbar sein, Eminenz. Ich darf daher mit dem Ausdruck der Hoffnung schließen, daß unsere seit Jahrhunderten bewährte Zusammenarbeit sich auch jetzt und in aller Zukunft bewähren möge.*

Kardinal: *Im Vertrauen auf Gottes Hilfe ist daran nicht zu zweifeln, Herr Minister.*

Rüstungsminister: *Ich meinerseits habe ja bereits alle jene Leute, die etwa gegen unsere atomare Aufrüstung sind, als potentielle Kriegsverbrecher bezeichnet – wenn Sie nun da von der Seelsorge her noch etwas nachstoßen könnten, nicht wahr, man kann doch hier mit »Sünde« und so operieren, es gibt Höllenstrafen – und für die anderen, die getötet werden, kann man die ewige Seligkeit in den schönsten Farben malen –, das müßte doch manches erleichtern.*

Kardinal: *Sie dürfen überzeugt sein, daß wir unser Möglichstes in dieser Richtung tun werden ...*

Dieses von Rudolf Pikola erfundene Gespräch zwischen einem Rüstungsminister und einem Kardinal erregte den hellen Zorn des Ministers Strauß, dann auch die Aufmerksamkeit des hohen Klerus. Seine Eminenz, der Hochwürdigste Herr Joseph Wendel, Kardinal-Priester der Heiligen Römischen Kirche, Militärbischof der Deutschen Bundeswehr und Erzbischof von München und Freising, ließ im Bischofsblatt seiner Erzdiözese kundtun, Pikola böte als »Lehrperson nicht mehr die Gewähr, daß sie die anvertrauten Kinder im Geiste des katholischen Glaubens« erziehe. Zugleich beantragte das Erzbischöfliche Ordinariat unter Berufung auf das zwischen dem Freistaat Bayern und dem Heiligen Stuhl geschlossene Konkordat von 1924 »die Ablösung« des Lehrers Pikola von seinem Amt an der Miesbacher Katholischen Jungenschule.

Getreu dem Prinzip, nie die wahren Gründe zu nennen, sondern andere, rein formale und daher scheinbar sachliche Motive vorzuschützen, hatten sich die Kleriker an das Apostelwort »Suchet, so werdet ihr finden!« gehalten. Acht Monate hatten sie benötigt – inzwischen war Pikola, Jahrgangsbester unter 231 Lehramtskandidaten, von der Schulbehörde befördert worden, zudem auch Leiter der von ihm gegründeten Volkshochschule Miesbach –, um herauszufinden, daß der Oberlehrer Pikola 17 Jahre zuvor, im Kriegsjahr 1942, eine »Mischehe« mit einer evangelischen Frau eingegangen und von einem lutherischen Pfarrer getraut worden war!

Damit begründete also das erzbischöfliche Ordinariat die von ihm geforderte »Ablösung« Pikolas, und die Regierung von Oberbayern prüfte erst gar nicht, ob dies nicht ein Rechtsmißbrauch der Kirche war, sondern ordnete eine Strafversetzung des gerade erst beförderten Lehrers an.

Am liebsten hätte man den Frevler dorthin verbannt, wo sich die Füchse gute Nacht sagten und die Welt mit Brettern zugenagelt war, nach Bayerisch-Eisenstein etwa oder nach Metzersreuth zwischen dem Jesuitenforst und der tschechischen Grenze. Doch man mußte ihn notgedrungen an eine der wenigen Gemeinschaftsschulen versetzen, wie es sie damals nur im großstädtischen Sündenbabel München gab. Hauptsache war, die gefährdeten Buben der katholischen Bekenntnisschule Miesbach waren des in »Mischehe« und schwerer Sünde lebenden Lehrers ledig, und ihre armen Eltern konnten aufatmen!

Doch selbst die ins Auge gefaßte sehr milde Maßnahme der Versetzung Pikolas in die Landeshauptstadt stieß überraschenderweise in Miesbach auf Widerstand, obgleich – und wohl nicht rein zufällig – die Lokalpresse der Regierung und dem Klerus Flankenschutz gab. Pikola sei, hieß es in einem Artikel, »offenbar bemüht, insgeheim im Sinne der Kommunistischen Partei zu arbeiten, indem er die Hörer der Volkshochschule eifrig schult, von der Kriegsdienstverweigerung bis zur marxistischen Ideologie«.

Daraufhin protestierten Dutzende von angesehenen Miesbacher Bürgern gegen diese aus der Luft gegriffenen Anwürfe, doch die mächtigen Gegner des Lehrers gaben nicht auf. Das erzbischöfliche Ordinariat gab bekannt, die Klagen der Eltern von Pikolas Schülern häuften sich: Eine verschiebbare Tafel im Klassenzimmer verdecke auffällig oft das Kruzifix an der Wand; es werde zudem bei Pikola wenig gebetet und nie das Kreuzzeichen gemacht; außerdem habe dieser Lehrer vor einigen Jahren die Einrichtung einer Gemeinschaftsschule in Miesbach befürwortet! Doch auch das nützte nichts: Von fünfzig Erziehungsberechtigten, deren Söhne Pikolas Unterricht genossen, bekannten sich 44 namentlich zu dem Verfemten! Grenzte dies schon fast an ein Wunder, wenn man die kleinstädtische Atmosphäre, die lokalen Abhängigkeiten und die bis dahin in Miesbach gepflegten Traditionen bedenkt, so wurde es bald noch viel erstaunlicher.

Die kirchlichen Autoritäten und mit ihnen die CSU-Oberen ließen nämlich nicht locker. Endlich ließ der Klerus die Katze aus dem Sack und wies tadelnd auf Pikolas Zeitungssatire, das fiktive Gespräch zwischen dem Rüstungsminister und dem Kardinal, hin. Dabei, so beeilten sich die Geistlichen zu versichern, ginge es »natürlich« nicht um den Inhalt, der der Meinungsfreiheit unterliege, sondern um die anstößige Form. CSU-Chef Strauß stellte nun auch wegen des sieben Monate alten Artikels Strafantrag gegen den dreisten Lehrer, was damit zusammenhängen mochte, daß die Regierung von Oberbayern inzwischen bemerkt hatte, daß Pikola nicht gegen seinen Willen versetzt werden konnte, da er Personalrat im Schulamt von Miesbach war. Nur wenn »das öffentliche Interesse« zwingend die sofortige Versetzung des Lehrers erforderte, ließ sich die Maßregelung durchführen.

Aber der Rüstungsminister und der Kardinal sowie beider Partei hatten ihre Rechnung ohne die Miesbacher gemacht: Die »berechtigte Entrüstung der katholischen Elternschaft« wandte sich nämlich immer noch nicht, wie erhofft, gegen den Lehrer. Vielmehr demonstrierten die Miesbacher lautstark für Rudolf Pikola, wählten ihn ostentativ wieder zum Leiter der Volkshochschule und reichten Petitionen ein, in denen sie den Verbleib des »hervorragenden Pädagogen« an seiner Schule forderten.

Da gerade Kommunalwahlen bevorstanden, machten die Miesbacher Sozialdemokraten, die sich am Ort in hoffnungsloser Minderheit befanden, den zunächst schüchternen Versuch, Pikolas Sache zu der ihren zu machen: Sie wollten, falls er bereit sei, für das Amt des Bürgermeisters zu kandidieren, ihn, den Parteilosen, unterstützen.

Pikola erbat sich kurze Bedenkzeit und gab dann den unverhofften Bescheid: Ja, er werde kandidieren, ohne Rücksicht auf die geringen Chancen, den amtierenden, sich auf eine Zweidrittelmehrheit stützenden CSU-Bürgermeister zu Fall zu bringen, doch zuvor wolle er der SPD beitreten und mit offenem Visier für deren Sache eintreten!

Die Aufregung in Miesbach, ja im ganzen bayerischen Oberland, war gewaltig. Selbst überregionale Blätter zeigten nun Interesse an dem örtlichen Konflikt, und wie sich dann erwies, entwickelte sich der Fall tatsächlich zu einer bundesweit mit Staunen aufgenommenen Sensation. Denn als man in Miesbach die Stimmen ausgezählt hatte, ergab sich, daß die Miesbacher Wählerinnen und Wähler den gemaßregelten Oberlehrer Rudolf Pikola zu ihrem neuen Bürgermeister erkoren und die bisherige sichere CSU-Mehrheit gebrochen hatten!

Daß dies nun keine einmalige Reaktion auf ein offenkundiges Unrecht gewesen war, zeigte sich sechs Jahre später: Denn da holte sich die Miesbacher SPD mit Bürgermeister Pikola an der Spitze jene satte Mehrheit von rund zwei Dritteln der Stimmen, die die CSU bis 1960 bei jeder Wahl hatte erzielen können.

Nach zehnjähriger Amtszeit erlag der beliebte Bürgermeister 1970 einer schweren Krankheit. Er wurde unter großer Beteiligung aus dem ganzen Oberland feierlich beigesetzt, und schon beim Trauermahl beratschlagten die sehr bedrückten Genossen, wer denn Nachfolger des Verstorbenen im Bürgermeisteramt der Kreisstadt werden könnte.

Die Wahl fiel dann auf Pikolas engen Freund und Kollegen, Hans Schuhbeck, der parteilos war wie Rudolf Pikola vor seiner ersten Kandidatur, und es wiederholte sich das ein Jahrzehnt zurückliegende, wundersame Geschehen: Schuhbeck erbat sich Bedenkzeit, übernahm dann entschlossen die Kandidatur, trat zuvor der Sozialdemokratischen Partei bei und – wurde zum neuen Bürgermeister gewählt und wiedergewählt und abermals wiedergewählt!

Erst am 1. Mai 1990, nach zwanzigjähriger Amtszeit, trat Hans Schuhbeck in den verdienten Ruhestand. Die Miesbacher CSU aber konnte ihre einstige Bastion seither nicht zurückerobern, trotz einer listig und sorgsam vorbereiteten Gebietsreform, bei der im Jahre 1978 der Kreisstadt Miesbach ein paar umliegende Ortschaften, aus denen sich die CSU viele Stimmen erhoffen konnte, kurzerhand zugeschlagen wurden.

Auch strahlte die Eroberung des schwarzen Rathauses der Kreisstadt Miesbach durch einen von den höchsten staatlichen und kirchlichen Autoritäten zum Schädling erklärten Lehrer von dessen Sieg im Jahre 1960 an nach allen Seiten hin ins bayerische Oberland aus. Von da an gab es fast nirgendwo mehr jene todsicheren, katholisch-konservativen Mehrheiten mehr, auf die sich die CSU-Zentrale und das erzbischöfliche Ordinariat ehedem hatten verlassen können. Zwar konnten die Sympathisanten Rudolf Pikolas nicht alle eroberten CSU-Bastionen auf Dauer halten, aber – wie das Beispiel der Miesbacher Landratswahl im letzten Lebensjahr des Franz Josef Strauß gezeigt hat – es genügte seitdem nicht mehr, von oben her Weisungen zu erteilen, bei denen man sicher sein konnte, daß das brave Wahlvolk sie ohne Murren befolgte. Rudolf Pikola und diejenigen, die bei dessen Verteidigung gegen drohendes Unrecht das Wesen der Demokratie entdeckten, haben sich um diese und das bayerische Oberland verdient gemacht.

Übrigens sollte bei der sensationellen Umkehrung der traditionellen Mehrheitsverhältnisse in Miesbach im Jahre 1960 – so jedenfalls versuchte man in der Münchener CSU-Zentrale den unerwarteten Verlust der Macht in der bis dahin beherrschten Kreisstadt zu erklären – starker Föhn geherrscht haben. Doch das Wetteramt hatte lediglich zu melden gehabt, es werde »mitunter föhnig aufgeheitert« sein.

Dies bringt uns wieder zu den irrigen Annahmen der Feriengäste, die den Föhn – davon sind die Einheimischen überzeugt – überhaupt nicht spüren können, weil die Natur ihnen solches Ärgernis erst nach mindestens zehnjähriger ununterbrochener Anwesenheit beschert, weshalb der therapeutische Champagner-Konsum der Urlauber wohl nur eine faule, der heimischen Gastronomie aber einträgliche Ausrede darstelle.

Was aber ist der Föhn nun wirklich?

Darüber gehen die Meinungen von alters her weit auseinander. Ältere Lexika beschränken das Vorkommen eines »Mattigkeit bei Vieh und Menschen« hervorrufenden Südwinds auf die schweizerischen Kantone Uri und Glarus. Die einen nennen ihn einen »nur im Frühjahr auftretenden feuchtwarmen Wind«, die anderen sprechen von einem »sehr trockenen, gewöhnlich nach starkem Nebel wehenden Südwind«, der – so die *Allgemeine deutsche Real-Encyklopädie für die gebildeten Stände*, erschienen 1844 bei F. A. Brockhaus in Leipzig – »den zuweilen epidemischen Alpenstich erzeugt«, eine »rothlaufartige, sich leicht mit typhösem Fieber verbindende Lungenentzündung«.

Der Föhn gehört, wie das Brockhaus-Lexikon von 1844 weiter ausführt, »zu den besonderen Naturerscheinungen, an denen das Alpengebirge reich ist, von denen der Flachländer aber keine Ahnung hat«. Das Lexikon stellt den Föhn in eine Reihe mit der »im Osten auftretenden Bora, die mit ihrer Orkankraft die aufgewühlten Schneemassen vor sich herpeitscht«, mit Spiegelungen der Sonne »in den zerstiebten Silberfäden eines tosenden Gießbaches« oder »in den ruhigen Fluten eines krystallhellen Sees«, auch mit dem Alpenglühen, das »das Schwinden wie das Kommen der Sonne dem erwartungsvollen Fremdling durch das Glühen der beschneiten Gipfel verkündet«.

Aus dieser ausführlichen und sehr romantischen Beschreibung läßt sich, den Föhn betreffend, wenig mehr entnehmen, als daß er zu den Wundern der Natur gehört, die für Mensch und Tier schädlich sind.

Um vieles wissenschaftlicher ist *Meyers Konversations-Lexikon* von 1908, das zwar den Föhn wiederum auf die Schweiz beschränkt, ihn aber korrekt als ein »aus der Höhe herabsteigender, stürmischer, heißer und trockener Wind in Gebirgstälern« definiert. Man erfährt ferner aus dem »Großen Meyer«, daß der Föhn »meist durch eine Depression über den britischen Inseln hervorgerufen« werde und daß er »oft an einem Tag so viel Schnee wie die Sonne in vierzehn Tagen« schmelze, weshalb er auch »Schneefresser« genannt werde. Er sei »am häufigsten im Frühjahr und am seltensten im Sommer«. Von Nachteilen für Mensch und Tier ist im *Großen Meyer* von 1908 überhaupt nicht mehr die Rede.

Ganz anders der *Große Brockhaus* von 1930: Dort wird der Föhn als »Bezeichnung für warme, trockene Fallwinde, die besonders in den nördlichen Alpentälern oft mit großer Stärke talwärts wehen«, richtig beschrieben. Auch das folgende kann man durchaus akzeptieren: »Diesen Fallwinden geht Windstille, große Durchsichtigkeit der Atmosphäre und grelle Beleuchtung voraus.« Als weiteren Fortschritt der Wissenschaft kann man die Erkenntnis des *Großen Brockhaus* von 1930 bezeichnen, wonach »der Föhn, dessen Ursprung man früher in der Sahara suchte«, meist anders entstehe, nämlich »durch vor dem Gebirge vorbeiziehende Depressionen, die aus den Tälern Luft absaugen und dadurch das Nachfließen der Luftmassen von den Hochplateaus und den Kämmen bewirken«. Es folgt dann die Erkenntnis, daß »der Föhn sich bis weit ins Vorland geltend« mache, womit endlich auch das bayerische Oberland zu seinem Recht auf Föhn kam.

Der *Große Brockhaus* von 1954 übernahm dann im wesentlichen die ein Vierteljahrhundert zuvor aufgestellten Thesen, ergänzte sie nun aber durch einen eigenen Abschnitt für die »Föhnkrankheit«, worin es heißt: »Statistische Untersuchungen ergaben, daß an Föhntagen Selbstmorde, Verkehrsunfälle und Gewaltakte häufiger vorkommen als an Tagen ohne Föhn. Sicher ist, daß sich Herzkranke an Föhntagen besonders schlecht fühlen... Es ist aber durchaus unsicher, ob diese Beschwerden nur an den Föhn spezifisch gebunden sind.«

Übrigens empfiehlt der *Große Brockhaus* von 1954 »gegen den häufigsten Komplex der Föhn-Beschwerden, die sich in Müdigkeit, Arbeitsunlust und depressiver Stimmung« äußern sollen, keinen Champagner, sondern »Coffeinpräparate«, mit denen Erfolge erzielt worden seien.

Die neueste Ausgabe des *Brockhaus* (von 1988) läßt dem Föhn noch mehr Gerechtigkeit widerfahren, nennt ihn einen »warmen, trockenen, böigen Fallwind«, bescheinigt ihm, daß er »oft gute Fernsicht« mit sich bringe, flüchtet sich dann zur Erklärung seiner Entstehung in ein modernes meteorologisches Fachchinesisch und kommt dann wieder zu einer allgemeinverständlichen Feststellung: »Föhn wurde erstmals in den Alpen beschrieben und erklärt, wo er vielfach im Winterhalbjahr als südlicher Wind in Tallagen Tauwetter bringt.«

Schließlich fügt der neueste *Brockhaus* den Symptomen der auch dort beschriebenen »Föhnkrankheit« das

Gegenteil von »Unlust, Mattigkeit und Niedergeschlagenheit« hinzu, nämlich daß sie sich »auch in Euphorie äußern« könne! Wer also bei Föhn Champagner trinkt, kann die dann auftretende Hochstimmung entweder als Erfolg der Therapie oder als Symptom der Föhnkrankheit ansehen, die ihn oder sie befallen habe.

Wer wirklich wissen will, was Föhn sein und bewirken kann, der lese Martin Gregor-Dellins 1974 erschienenen Roman »Föhn«, worin es heißt: »Seit Wochen herrschte (in München) ein starkes Hoch, das mit einem Fallwind aus Süden trockene Luft heranführte. Man litt tagsüber unter einer Schmutzglocke, die sich von den Randgebieten und Vororten aus« – der Romancier lebte damals in Gröbenzell, knapp zwanzig Kilometer westlich der Münchner Innenstadt – »deutlich über der Stadt beobachten ließ. Sie hatte morgens eine goldorangene Mitte, betäubend wie aus den Träumen eines verwirrten Königs« – was einen an Ludwig II. denken ließ. »An den Rändern schillerte sie bläulich, so sahen Schlangenschuppen oder Giftfliegen aus. Gegen Mittag wechselte das Gebilde in ein Schwefelgelb hinüber und verdichtete sich nach außen hin zu einem grauen Polster. Dieses Kissen drückte der Fallwind der Stadt auf den Mund. Wer sich genau darunter befand, nahm es seltsamerweise nicht wahr: Es löste sich auf in ein gläsernes Blau, die Täuschung war vollkommen. Der Smog aus Staub, Ruß und Abgasen konnte nicht abziehen, denn nachts kühlte der Boden aus, und wenn sich am Tag die darüberliegenden Schichten erhitzten, verhinderten sie den Luftaustausch. So erklärten es die Experten ...: die Stadt ersticke förmlich, ohne es zu merken; es sei wie ein schöner, leichter Gastod, den man nicht spüre ... Daher gebe es auch kein anderes Schutzmittel als die Flucht aus der Stadt, hinaus aufs Land, wo die Luft noch klar und sauber sei ... Merkwürdig sei, daß niemand sich schonte. Die trockene Luft erzeugte ein vorübergehendes täuschendes Hochgefühl. Trotz der Glocke aus

Staub schien der Himmel nach dem (südlichen) Horizont hin klar und blau, sogar von großer Weite, der Atem ging leicht, obwohl es an Sauerstoff fehlte, und der Hinweis, daß die Lage kritisch sei, wurde durch Licht, Blutdruck und Jahreszeit widerlegt...«

So also kann es an hochsommerlichen Föhntagen in der bayerischen Landeshauptstadt sein, und es gibt dann wirklich nichts Besseres, als die Stadt rasch zu verlassen. In zehn, fünfzehn Minuten kann man schon auf einer der nach Süden führenden Autobahnen sein, in Richtung Salzburg oder Garmisch. Vor einem liegen die Alpen im Sonnenschein. Das ungewöhnlich helle Licht und die glasklare Luft lassen die Berge ganz nahe erscheinen. Das ganze Voralpenland scheint zusammengeschrumpft zu einem schmalen grünen, sanft gewellten Streifen aus Wiesen und Wäldern, und dahinter ragen schon die Gipfel des Wetterstein-, des Karwendel- und des Sonnwendgebirges, von der Zugspitze bis zum Roßkogel, vor einem auf.

Noch aus dreißig Kilometer Entfernung sieht man im Rückspiegel die graue, hie und da bunt schillernde Smogglocke über München. Von dieser Stadt hatte der israelische Dichter Schalom Ben-Chorin – der einstmals Fritz Rosenthal geheißen und seine Geburtsstadt 1933, nach schweren Mißhandlungen durch Schlägertrupps der SA, für immer verlassen hatte – stets geschwärmt und sich ihrer im Exil mit Versen erinnert, die sein Heimweh erkennen ließen:

Immer ragst du mir in meine Träume
meiner Jugend zartgeliebte Stadt,
die so rauschende Kastanienbäume
und das Licht des nahen Südens hat...

Das Licht des nahen Südens, das an den Ufern des Tegernsees, an den Hängen von Kaltenbrunn beispielsweise oder auf der Point nahe der einstigen Benediktinerabtei, den Besucher dazu verleitet, sich nicht in Bayern, sondern an einem der oberitalienischen Seen zu wähnen, hat natürlich, wie alles im Leben und zumal wie alle touristischen Attraktionen, seinen Preis.

Der Preis des Lichts ist der Föhn.

Glücklich sind die von ihm – wie der Autor – euphorisch Gestimmten, denen der laue Südwind und die leichte Zirrostratus-Bewölkung am azurblauen Himmel das Herz wärmt.

Inhalt

96 Seiten, geb., DM 28,–
ISBN 3-926901-36-5

Die *13 Widmungen* von Uwe Dick entstanden zwischen 1969 und 1988. Es sind poetische Dokumente der Zuwendung an Landschaft, Tier und Mensch, der Hingabe an die Sprache. Gewachsen aus einem Leben weitab von Kulturschickeria und Literaturbetriebsamkeit. Ökologisch zu leben und zu schreiben war für Uwe Dick selbstverständlich – lange bevor es notwendig und Mode wurde.